教育部政策法规司委托课题"新时代我国劳动教育的内涵特点与实施策略"（项目编号：JYBZFS2018102）成果

XINSHIDAI LAODONG JIAOYU
LINIAN YU SHIWU

新时代劳动教育

理念与实务

姜朝晖 著

知识产权出版社
全国百佳图书出版单位
—北京—

图书在版编目（CIP）数据

新时代劳动教育：理念与实务 / 姜朝晖著 . — 北京：知识产权出版社，2021.11
ISBN 978-7-5130-7895-5

Ⅰ.①新… Ⅱ.①姜… Ⅲ.①劳动教育—研究 Ⅳ.①G40-015

中国版本图书馆CIP数据核字（2021）第241545号

内容提要

本书基于理论研究、政策分析、国际比较、问卷调查和实践案例剖析，系统梳理了新时代劳动教育的历史脉络、内涵特点和政策走向，总结了国内外先进实践经验，提出了加强新时代中小学劳动教育的对策建议。劳动教育是中国特色社会主义制度的重要内容，构建德智体美劳全面培养的教育体系，有利于培养社会主义核心价值观、劳动技能及良好的精神面貌。

本书可供教育行政部门工作者、理论研究者、中小学教育工作者及学生家长阅读参考。

责任编辑：李　娟　　　　　　　　　　　　责任印制：孙婷婷

新时代劳动教育——理念与实务

XINSHIDAI LAODONG JIAOYU——LINIAN YU SHIWU

姜朝晖　著

出版发行：知识产权出版社 有限责任公司	网　　址：http://www.ipph.cn
	http://www.laichushu.com
电　　话：010—82004826	
社　　址：北京市海淀区气象路50号院	邮　　编：100081
责编电话：010—82000860转8689	责编邮箱：laichushu@cnipr.com
发行电话：010—82000860转8101	发行传真：010—82000893
印　　刷：北京虎彩文化传播有限公司	经　　销：新华书店、各大网上书店及相关专业书店
开　　本：720mm×1000mm　1/16	印　　张：13.25
版　　次：2021年11月第1版	印　　次：2021年11月第1次印刷
字　　数：205千字	定　　价：68.00元

ISBN 978—7—5130—7895—5

以劳促全,培育时代新人(代序一)

党和国家领导人高度重视劳动教育。2018年9月,习近平总书记在全国教育大会上提出加强新时代劳动教育的时代命题,并强调:"要在学生中弘扬劳动精神,教育引导学生崇尚劳动、尊重劳动,懂得劳动最光荣、劳动最崇高、劳动最伟大、劳动最美丽的道理,长大后能够辛勤劳动、诚实劳动、创造性劳动。"习近平总书记以更高远的历史站位,提出关于劳动教育的重要论述,为新时代健全立德树人落实机制、促进学生德智体美劳全面发展指明了方向。

2020年3月,中共中央、国务院出台《关于全面加强新时代大中小学劳动教育的意见》,就全面贯彻党的教育方针,加强大中小学劳动教育进行了系统设计和全面部署;7月,中华人民共和国教育部印发《大中小学劳动教育指导纲要(试行)》,主要面向学校,重点针对劳动教育是什么、教什么、怎么教等问题,明确了具体要求。姜朝晖撰写的《新时代劳动教育——理念与实务》,既是学习贯彻落实习近平总书记关于教育的重要论述的研究成果,也为各地各校落实《关于全面加强新时代大中小学劳动教育的意见》提供了理论分析、政策梳理和实践案例,具有较高的参考价值。

新时代对劳动教育的重视,源起于马克思提倡的"教劳结合"思想。在马克思看来,"生产劳动同智育和体育相结合,它不仅是提高社会生产的一种方法,而且是造就全面发展的人的唯一方法"。可以说,参与劳动实践的过程,就是人自我实现的过程,是人实现全面解放的过程。从某种程度上讲,教育与生产劳动相结合,不仅是促进人的全面发展的必然要求,也是社会主义教育区别于资本主义教育的本质特征。

马克思主义的"教劳结合"思想,直接影响了社会主义国家的教育方针。1958年9月,中共中央、国务院发布的《关于教育工作的指示》中明确提出"教育与生产劳动相结合",之后在我国历次教育方针表述上都有所体现;2021年修正的《中华人民共和国教育法》(以下简称《教育法》)就明确规定"教育必须与生产劳动和社会实践相结合"。2018年,习近平总书记在全国教育大会上提出了"培养德智体美劳全面发展的社会主义建设者和接班人",首次把劳动教育和德育、智育、体育、美育放在同等重要的位置,真正实现了"五育并举",在我国教育发展史上具有重要的里程碑意义。

当前,我国基础教育实现全面普及,人民群众"有学上"的问题基本解决,"上好学"的需求日益强烈,提升质量成为基础教育面临的最紧迫、最核心的任务。2019年7月,中共中央、国务院印发了《关于深化教育教学改革全面提高义务教育质量的意见》,这是党中央、国务院颁布的第一个聚焦义务教育阶段教育教学改革的重要文件,是新时代深化教育教学改革、全面提高义务教育质量的纲领性文件。文件提出,要树立科学的育人理念,坚持"五育并举",全面发展素质教育,再次吹响了新时代发展素质教育的号角。从某种意义上讲,加强劳动教育是发展素质教育、提高基础教育质量的应有之义。

总之,全面加强新时代劳动教育,既是对马克思主义"教劳结合"思想的继承和发展,也是新时代推进素质教育的必然要求。中小学教育工作者要认真学习贯彻落实国家劳动教育有关的政策,通过多种形式开展丰富多彩的劳动教育,同时还要充分发挥劳动教育以劳树德、以劳增智、以劳健体、以劳育美的功能,最终实现以劳促全,培养担当民族复兴大任的时代新人,培养德智体美劳全面发展的社会主义建设者和接班人。

是为序。

国家教育咨询委员会委员

中国教育学会原会长

北京师范大学原校长、教授

钟秉林

2020 年 11 月

新时代劳动教育再发展的逻辑（代序二）

自2013年以来，习近平总书记多次强调劳动和劳动教育的重要性，特别是在2018年全国教育大会上进一步强调，要努力构建德智体美劳全面培养的教育体系，培养德智体美劳全面发展的社会主义建设者和接班人。由此，揭开了我国新时代发展劳动教育的新篇章。经过学习研究和长期对劳动教育实践的关注，对于新时代劳动教育再发展问题，笔者也形成了以下三个方面的初步认识。

一是新时代劳动教育再发展的学理认识。首先，劳动是马克思主义劳动观、劳动价值观的逻辑起点，也是人的本质活动，通过劳动实现人的价值。其次，劳动教育是人生第一教育。体现在学校教育中，"以劳树德、以劳增智、以劳强体、以劳育美、以劳创新"已成为习近平新时代中国特色社会主义劳动教育的重要特征。最后，劳动教育的多样性特征，决定了德智体美劳培养体系中的"劳"与"综合实践活动"不是一个层级的概念。劳动教育是上位概念、学科概念、独立课程概念。

二是新时代劳动教育再出发的政策和实践认识。首先，劳动教育曾一度缺失。全国教育大会之前，有关学者已经认识到劳动教育缺失的问题，笔者也多次撰写文章呼吁解决这一问题。2015年7月，中华人民共和国教育部（以下简称教育部）、中国共产主义青年团中央委员会（以下简称共青团中央）、中国少年先锋队全国工作委员会（以下简称全国少工委）印发了《关于加强中小学劳动教育的意见》，开展劳动教育的政策环境和社会舆论环境，有了一定程度的改善。其次，劳动教育课程政策的刚性作用不强，劳动教育课程的地位长期不确定，影响了其长远建设。在综合实践活动课程中，劳动教育独立课程的地位被弱化，这也势必影响到劳动教育在我国教育体系中的战略地位，影响到政府、学校、家庭、社会对劳动教育资源的整合。2020年3月，中共中央、国务院印发了《关于全面加强新时代大中小学劳动教育的意见》，充分体现了党和国家加强新时代劳动教育的决心。

三是新时代劳动教育再发展亟须建立长效机制。《关于全面加强新时代大中小学劳动教育的意见》印发后，各地中小学还存在思想认识不够、师资短缺、教学资源匮乏、家长和教师的动力不足、政策制度缺失等诸多困难。为此，亟须建立落实劳动教育的长效机制，例如建立学校主体责任落实机制、宣传学习认同机制、各学段贯通机制、家庭—学校—社会贯穿机制、政策保障机制、社会资源共享机制、社会舆论监督机制等。总之，各地各校要健全机制、落实责任，才能真正发挥好新时代劳动教育独特的育人价值。

本书系统梳理了国内外劳动教育理论和政策发展的脉络，对8个国家中小学劳动教育的实施现状进行了分析，对全国20多个省（自治区、直辖市）中小学劳动教育的开展情况进行了调研，同时还对各地中小学劳动教育典型案例进行总结，最后提出了有针对性的对策建议。既有理论梳理，也有政策分析，既有国际比较，也有国内调查，还有各地典型案例，具有较高的学术价值和参考价值，也是当前劳动教育实施亟须的启发之作。姜朝晖同志在行政管理岗位上兢兢业业，还能利用业余时间坚持开展学术研究，实属不易，我非常乐意为此书做序。相信该书的出版，能够为地方教育主管部门、中小学校开展新时代劳动教育提供借鉴和参考。

是为序。

教育部基础教育教学指导委员会委员兼劳动教育专业委员会主任

中国教育科学研究院原党委书记、研究员

徐长发

2020 年 12 月

目　　录

第一章　新时代劳动教育

——理论研究和政策分析

理论研究和政策分析是系统开展劳动教育研究的基础。只有基于对理论的深度研究和对政策的准确把握,才能对新时代劳动教育的重大意义、内涵特征、历史脉络、政策走向、实践路径有深刻的理解。首先,从认识层面,全面系统阐述加强新时代劳动教育的重大意义,主要探讨"为什么"的问题;其次,从理论层面,立足已有文献梳理与分析基础上,厘清新时代劳动教育的内涵、外延与主要特征,主要说明"是什么"的问题;最后,从政策层面,系统总结回顾我国劳动教育的历史脉络和政策走向,主要阐明新时代劳动教育"从哪儿来、向何处去"的问题。

第一节　新时代加强劳动教育的重大意义

党和国家领导人高度重视劳动教育。党的十八大以来,习近平总书记在多个场合多次强调要加强劳动教育,并在2018年全国教育大会上,对加强新时代劳动教育做了全面而深刻的阐述,他指出,要"培养德智体美劳全面发展的社会主义建设者和接班人""要在学生中弘扬劳动精神,教育引导学生崇尚劳动、尊重劳动,懂得劳动最光荣、劳动最崇高、劳动最伟大、劳动最美丽的道理,长大后能够辛勤劳动、诚实劳动、创造性劳动"[1]。此后,无论是理论、政策还是实践层面,劳动教育成了教育发展新的方向,这就需要全面、深刻地理解新时代加强劳动教育的重大意义。

---

[1] 习近平出席全国教育大会并发表重要讲话[EB/OL].(2018-09-10)[2021-01-23]. http://www.gov.cn/xinwen/2018-09/10/content_5320835.htm.

一、新时代加强劳动教育是对马克思主义劳动教育理论的继承和发展

劳动及其劳动价值观在马克思主义思想中占据着十分重要的位置,马克思、恩格斯关于教育问题的一些重要观点和结论都紧紧围绕着劳动价值观展开。从某种程度上讲,劳动及其劳动价值观为马克思主义教育思想的最终形成提供了理论依据和方法论指导。"教劳结合"是马克思主义的一条重要教育原理。在马克思看来,"生产劳动同智育和体育相结合,它不仅是提高社会生产的一种方法,而且是造就全面发展的人的唯一方法"❶。可以说,教育与生产劳动相结合,既是生产力发展的客观要求,也是促进人的全面发展的必然选择。"教劳结合"不仅仅在于推动社会进步和人的全面发展,同时也是改造现代社会强有力的手段之一。其出发点是为工人阶级子弟争取受教育权,以抵制资本主义制度对未成年劳动力的摧残与剥削。从当时的社会背景来看,这具有积极的历史和现实意义。

从以往的学术研究可以获悉,马克思没有对劳动教育下过明确的定义,"教育与生产劳动相结合"的概念在很长一段时间内相对模糊,早期缺乏理论探讨,后期也争议颇多❷。学界普遍认可的是,劳动教育的核心即是劳动价值观的培养。马克思、恩格斯对劳动价值观的理解,主要存在着三种相互联系的解释模式:第一种是历史唯物主义的解释模式,强调劳动创造世界、劳动创造历史和劳动创造人本身;第二种是政治经济学的解释模式,强调劳动是商品价值的唯一源泉,劳动剥削是资本主义的社会本性,按劳分配是实现社会正义的重要原则;第三种是教育学原理的解释模式,强调劳动形成人的本质,劳动是实现人全面发展的重要途径,教育与生产劳动相结合是社会主义教育的根本原则。这三种有关劳动价值观的论述,既是整个马克思主义经典著作的重要

---

❶ 中共中央马克思恩格斯列宁斯大林著作编译局.马克思恩格斯全集:第23卷[M].北京:人民出版社,1995:530.

❷ 顾明远.教育同生产劳动相结合应该成为社会主义教育方针的重要内容——与肖宗六同志商榷[J].中国教育学刊,1991(2):11-14.

内容,也是深入理解与应用马克思主义学说的重要通道。❶

教育与生产劳动相结合是社会主义教育基本性质的体现。正如列宁所言:"没有年轻一代的教育和生产劳动的结合,未来社会的理想是不能想象的。无论是脱离生产劳动的教学和教育,或是没有同时进行教学和教育的生产劳动,都不能达到现代技术水平和科学知识现状所要求的高度。"❷中华人民共和国成立初期,我国曾向苏联汲取了诸多教育经验,包括引入了马克思主义思想中"教育与生产劳动相结合"的重要命题,将其作为我国教育方针制定的最重要理论依据之一❸,在历次的教育方针中都有不同程度的体现。总体来看,虽然在不同时期,劳动教育的表现形式不一,重视程度也有差别,但从思想理论源头上,马克思主义劳动教育理论及其劳动教育观一直沿袭至今。

新时代加强劳动教育,有助于我们进一步深入理解马克思主义学说的思想精髓,从根本上理解教育与生产劳动相结合的丰富内涵,提炼出适应新时代劳动教育的精华观点;同时也是对马克思主义劳动价值观、劳动教育观的丰富和发展。我国将教育与生产劳动相结合视为中国特色社会主义教育的一项原则,是在理论层面对中国特色社会主义教育理论体系的探索和构建,是新时代旗帜鲜明地坚持和发展马克思主义、坚定不移走中国特色社会主义教育道路的必然要求。

二、新时代加强劳动教育是对党的教育方针政策的贯彻落实

党的教育方针是教育政策的集中体现,对教育政策的走向具有决定性作用,在教育事业发展中具有根本性地位。劳动教育政策的演变是劳动教育发

---

❶ 胡君进,檀传宝.马克思主义的劳动价值观与劳动教育观——经典文献的研析[J].教育研究,2018,39(5):9-15,26.

❷ 苏联教育科学院.列宁论教育(上卷)[M].华东师范大学《列宁论教育》辑译小组,译.北京:人民教育出版社,2001:37.

❸ 檀传宝.何谓"教育与生产劳动相结合"——经典论述的时代诠释[J].课程·教材·教法,2020(1):4-10.

展和革新的重要指南。从政策层面来看,劳动教育是我国特色社会主义教育制度的重要内容,影响到社会主义建设者和接班人的劳动精神面貌、劳动价值取向和劳动技能水平。

中华人民共和国成立前夕,"爱劳动"就被《中国人民政治协商会议共同纲领》列为国民公德之一。1958年,中共中央、国务院发布的《关于教育工作的指示》明确把"教育与生产劳动相结合"确定为党的教育工作方针。但在当时,政策具有较强的政治色彩,目的为推进工农群众知识化、知识分子劳动化为中心内容的文化革命❶,体现了"为无产阶级政治服务"的教育价值观❷。有研究者对1958年后我国相当长一段时期的劳动教育进行批评,如在20世纪80年代初,就有专家指出,"现代教育和生产劳动的关系,既不像古代劳动者教育那样是和生产劳动完全融合在一起的,也不像古代学校教育那样和生产劳动完全脱离的,而是处于一种独特的状态:它们既作为两个过程相互独立,又不可分割地联系在一起。❸"也有专家认为,社会主义的劳动教育,不但是思想品德教育的一条重要途径和参加社会劳动的准备,更是培养个性能力、情趣、美感和发展智力与体力的重要途径,是促进年轻一代全面发展的有力手段❹。在当时,劳动教育政策应该说符合政治发展的要求,对工农群众和旧知识分子的改造就有很好的作用,随着时代的发展,已经不再适应经济社会发展的要求。

自从改革开放以来,我们党坚持解放思想、实事求是的思想路线,把发展教育事业同全面推进中国特色社会主义现代化建设紧密结合。1995年,《教育法》重申"教育必须和生产劳动相结合。"2002年,党的十六大报告提出教育"与生产劳动和社会实践相结合"。劳动教育在政策层面逐步回归育人本质。

党的十八大之后,特别是习近平总书记在全国教育大会上强调劳动教育之后,得到了积极响应。2020年3月,中共中央、国务院发布《关于全面加强新时代大中小学劳动教育的意见》,同年7月,教育部印发《大中小学劳动教育指导

---

❶ 戈华.教育与生产劳动相结合的新阶段[J].历史教学,1960(9):2-6.

❷ 马宝娟.新中国成立以来党的教育方针的价值取向历史演进分析[J].南京工业大学学报(社会科学版),2015,14(4):59-65.

❸ 孙喜亭.教育与生产劳动相结合的原理被曲解了[J].教育研究,1981(2):28-31.

❹ 明正.劳动教育不容忽视——劳动教育历史考察随笔[J].赣南师范学院学报,1987(2):73-76.

纲要(试行)》。在此背景下,无论是从研究层面,还是从实践层面,国内学者对劳动教育的理论与政策开展了持续深入的探讨。

在党的教育方针和有关政策,以及对传统劳动教育价值观的批判继承基础上,新时代劳动教育政策呈现出新的特点。在立场上,劳动教育中充分实现教育与生产劳动的"实质"而非"形式"的结合;在内容上,提出发展的教育观,重视闲暇教育和消费教育;在功能上,强调劳动对个体的存在性价值,赋予个体自我存在的价值感和意义感、丰富其关系属性、提升其审美人格;在实践上,培育学生正确的劳动价值观和劳动态度,构建一种整合、开放性的劳动教育实践体系。❶

总体来看,我国从政策上确立了劳动教育作为"五育"的重要组成部分,并已把劳动教育纳入了党的教育方针。从社会层面来看,在生产力高速发展的当代社会,劳动形态的不断演变也成为当下社会的常态。在这种情况下,劳动教育应该保持开放的姿态,高度关注劳动形态的变化并根据变化、发展了的劳动形态及时更新教育内容;同时,从学校和学生层面来看,劳动教育作为素质教育的重要组成部分,对促进学生的健康成长、培养德智体美劳全面发展的社会主义建设者和接班人具有重要的现实意义。

三、新时代加强劳动教育是对学校劳动教育被弱化、边缘化的纠正和改进

长期以来,学校坚持教育与生产劳动相结合,在实践育人方面取得了一定成效,有些学校也积累了一些卓有成效的经验。但同时也要看到,近年来,一些青少年学生中出现了不珍惜劳动成果、不想劳动、不会劳动的现象,学校劳动教育的育人价值在一定程度上被忽视。

基于对现实问题的研判,可以说劳动教育整体上正被淡化、弱化,甚至出现了异化,主要问题突出表现在以下两个方面:第一,学校劳动教育的淡化和弱化。由于过去应试教育不科学的评价导向,部分学校的初、高中毕业班都将主要精力放在学业上,不纳入高考的德育、美育、劳动教育等课程在不同程度上存在被边缘化的问题。相对而言,对劳动教育的忽视尤为突出。一些学校

❶ 班建武.""新"劳动教育的内涵特征与实践路径[J].教育研究,2019,40(1):21-26.

将劳动教育作为学校教育可有可无的点缀,没有按照教育主管部门的有关规定开设劳动教育课程,还有一些学校甚至没有任何劳动教育活动。第二,劳动教育的异化。一些开展劳动教育的学校,未能深刻理解劳动教育的科学内涵和精神实质,存在劳动教育异化的现象。主要表现为:劳动教育的核心目标不是培育孩子的劳动价值观,蜕变为教育中的惩罚手段(孩子犯了错误似乎就要用劳动赎罪)、休闲方式(毕业班需要休息了,学校就组织"劳动"调节一下紧张的学习生活)、才艺秀场(将劳动基本等同于陶艺、剪纸等技艺的学习与展示)。❶如果淡化、弱化和异化的问题得不到有效解决,劳动教育还是会一如既往地流于形式,不能真正发挥劳动教育独特的育人价值。

究其原因,劳动教育出现的问题,主要是历史、社会和教育因素共同造成的。从历史因素看,传统成才观、劳动观和教育观轻视劳动的价值,割裂了个人发展与劳动之间的关系;从社会因素看,生产力发展造成社会分工的异化、不良消费观和职业观的消极影响等,削弱了劳动教育的社会地位,再加上受独生子女政策影响,许多孩子从小娇生惯养,少有劳动意识和劳动能力;从教育因素看,应试教育注重文化课,忽视劳动教育,劳动教育专业人才缺乏、教学模式陈旧。

加强劳动教育,就要彻底纠正上述问题,特别是传统观念和学校教育的问题,探寻劳动教育实践的真正出路。通过劳动教育的改进,引导广大青少年树立正确的劳动价值观,让学生充分认识到劳动对社会发展和人生进步的重要意义。以热爱劳动为荣、以不劳而获为耻,尊重努力劳动、贡献社会的不同阶层的劳动者,愿意用劳动建设祖国、贡献社会、服务人民。唯有如此,才能真正落实劳动教育,投身于中国特色社会主义建设事业。❷

---

❶ 檀传宝.加强和改进劳动教育是当务之急——当前我国劳动教育存在的问题、原因及对策[J].人民教育,2018(20):30-31.

❷ 檀传宝.加强和改进劳动教育是当务之急——当前我国劳动教育存在的问题、原因及对策[J].人民教育,2018(20):30-31.

四、新时代加强劳动教育是构建德智体美劳"五育并举"教育体系的内在要求

2018年,习近平总书记在全国教育大会上指出,培养德智体美劳全面发展的社会主义建设者和接班人,同时强调"培养什么人,是教育的首要问题"。可以说,德智体美劳全面发展构成了社会主义建设者和接班人的特定内容,是教育的努力方向。从现实情况来看,学校教育普遍存在"长于智、疏于德、弱于体、少于美、缺于劳"的现象和问题。相对于其他几个要素,德智体美虽然也有各自的问题,但都写入了教育方针,而劳动教育并没有作为重要内容,真正和德智体美并列。因此,新时代加强劳动教育,是构建"五育并举"人才培养体系的必然要求。

历史经验表明,唯有立足本国国情,找到适合的发展道路,才能持续发展。自20世纪以来,现代教育深受西方影响,一定程度上推动了教育现代化的进程。但是,随着时代的发展,构建中国特色的社会主义教育体系,成了当务之急。培养德智体美劳全面发展的社会主义建设者和接班人,是基于历史、立足现实、面向未来的系统、全面考虑。劳动教育和德育、智育、美育、体育并非相互闭合、割裂的关系,而是相互关联、相互影响、彼此渗透的关系。德国教育家本纳在阐述"非等级秩序"时,对教育领域中各个环节之间的关系进行了深刻探讨,指出:教育的各个环节都是非等级的,它们彼处于一个相互影响、相互作用且平等的位置。❶因此,在处理"五育"关系时,尽管有学者认为,劳动教育更多是一种实践方式,不能真正和德智体美并列。但作为"五育"的重要组成部分,从教育现实来看,不能人为地割裂,而是要进行人才培养的整体设计,立德树人。

劳动教育具有综合育人价值,人类的劳动实践蕴含着德智体美劳等因素。参加劳动的过程不仅是对教育成果的集中检验,也能够以劳树德、以劳增智、以劳健体、以劳育美,促进学生道德、智力、审美、身心发展。在德育方面,劳动教育可以促进学生良好品德的养成,同时还可以磨砺意志;在智育方面,劳动

---

❶ 本纳.普通教育学[M].彭正梅,徐小青,等译.上海:华东师范大学出版社,2006:80-89.

教育可以作为智育课程的补充,激发学生的学习兴趣,从而促进智力的发展;在体育方面,劳动教育可以培养学生健康的体魄,增强体质;在美育方面,劳动教育可以促进学生在劳动中发现美、欣赏美,提高审美水平优秀。可以说,劳动教育不同于其他四育,在引导学生树立正确的人生观、形成优秀品质和养成好习惯等方面的作用是无法替代的,也是学生全面发展的必经途径。

总体来看,"五育"作为一个整体,是相辅相成、相互促进的关系。在发挥劳动教育对德智体美作用的同时,也要在德育、智育、体育、美育中努力挖掘劳动教育功能,形成"五育并举"、全面贯通的整体育人体系。❶

五、新时代加强劳动教育是信息时代、人工智能时代社会发展的必然要求

21世纪以来,以互联网、云计算、大数据为代表的新一轮科技革命席卷全球,正在改变人们的学习、生活、工作和思维习惯。信息化能力已经成为衡量一个国家或地区综合实力的重要标志。

劳动教育怎样超越将劳动视为单纯技能训练的认识局限,使人认识到劳动是彰显生活意义的个体实现过程?这是信息时代、人工智能时代劳动教育促进个体全面发展的可为空间。有学者开始研究人工智能时代的劳动教育,周美云提出,人工智能时代的劳动技术教育面临诸多悖论,表现为对教育公平的美好追求与数字鸿沟之悖、教学的便利与教师素养的高要求之悖、学生个性化的发展与技术对人的异化之悖❷。

劳动教育的载体是实践活动,劳动有助于劳动主体形成新的认知习惯。恰如苏霍姆林斯基所言,劳动不只是铲子和犁,而且是一种思维。❸在劳动教育实践中,个体通过劳动实践强化整体性思维、分析性思维与理性思维,借以完成实体性思维向关系性思维的转换。

进入信息时代、人工智能时代,劳动的现实形态呈现出日益多元化的发展

❶ 顾建民,毕文健. 刍议新时代劳动教育课程的一体化设计[J]. 人民教育,2019(10):14-20.

❷ 周美云. 当劳动技术教育遇到人工智能:审视与超越[J]. 上海教育科研,2020(2):9-13.

❸ 苏霍姆林斯基. 怎样培养真正的人[M]. 蔡汀,译. 北京:教育科学出版社,1992:146.

态势,而劳动教育在学习内容、学习方式方面也实现新的突破,获得新的空间,达到新的高度。它不再仅仅着眼于技能的培养和训练,而是更加注重创造性思维、复杂性思维、问题解决能力和系统方法论的培养,从而真正实现手脑并用。❶从未来发展角度来看,劳动教育的内涵边界、实现路径将随着时代的发展进一步拓展、延伸,更好地满足人工智能时代的需求。

第二节　我国劳动教育的研究回顾

中华人民共和国成立以来,劳动教育领域开展了哪些研究,有哪些突出的成果,还有哪些进步空间? 本节主要通过系统梳理已有文献,以期对劳动教育研究有全面系统的分析。在此基础上,提炼、总结新时代劳动教育的内涵和特点。

一、我国劳动教育的研究:回顾与展望

自1954年起,国内期刊就陆续刊发劳动教育的相关研究成果。在中国知网(CNKI)的期刊全文数据库中,以"劳动教育"为主题和关键词,课题组对教育类期刊文章和核心期刊登载的文献进行可视化分析,以全面了解劳动教育的研究状况。

(一)论文数量

论文数量能够反映出研究者对某一主题的关注程度。在CNKI期刊全文数据库的"社会科学Ⅱ辑"数据库中以"劳动教育"为题名进行检索,用搜集到的3160篇文献绘制历年发文量趋势图(图1-1),结合不同时期的时代背景加以分析。从20世纪50年代开始,伴随着劳动教育相关方针政策的出台,劳动教育话题引发了一系列学术探讨和研究。20世纪六七十年代关于劳动教育的研究,相对稳定。1978年之后,有关劳动教育主题的研究开始增多,呈现逐步上升的趋势,从1982年教育部颁发《关于普通中学开设劳动技术教育课的试行意见》持续到2000年,历年的发文量总体呈上升趋势,并于1995年和1999年出现

---

❶ 徐海娇. 重构劳动教育的价值空间[J]. 中国教育学刊,2019(6):51-56.

两个小峰值。21世纪以来,劳动教育相关的研究成果数量出现阶段性下降。2015年7月,教育部颁布《关于加强中小学劳动教育的意见》后,再一次出现了研究热潮(图1-1)。自2016年以来特别是全国教育大会后,有关劳动教育研究的文章呈井喷式增长,劳动教育主题的研究成果数量达到了前所未有的高峰,并保持着高位增长的态势。

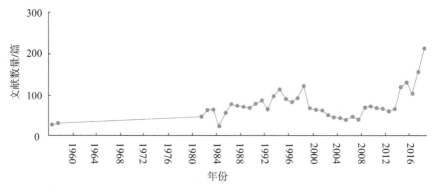

图1-1　以劳动教育为主题的研究成果分布

数据来源:文献总数3160篇;检索条件:(主题=劳动教育或者题名=劳动教育)(模糊匹配):社会科学Ⅱ辑:数据库:学术期刊单库检索。

(二)研究主题

在分析劳动教育主题论文数量基础上,进一步在CNKI的期刊全文数据库中,以"劳动教育"为关键词进行精确匹配,筛选出北京大学图书馆"中文核心期刊"和南京大学"中文社会科学引文索引(CSSCI)来源期刊"发表的文献,共有核心学术期刊论文125篇。通过CNKI的计量可视化分析功能绘制这125篇文献的关键词共现网络,筛选文献中出现频次大于10次的关键词,获得以"教育体系"为中心,以劳动价值观、立德树人、劳动意识、劳动观念、热爱劳动、劳动素质和生产劳动为节点的关系图。关键词之间的连线越粗,说明共同出现的次数越多。从图1-2中可以看出,在立德树人的背景下,引导学生增强劳动观念,培养良好的劳动意识,构建新时代的劳动教育体系,并通过各种形式的教育引导学生树立起热爱劳动的价值观、提高劳动素质等是劳动教育研究探讨的核心主题。

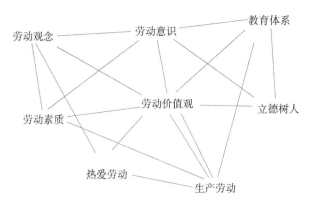

图 1-2　核心期刊有关"劳动教育"研究的关键词共线网络分析

(三)研究趋势

Citespace 的关键词聚类算法将劳动教育相关研究的关键词划分为 11 类，大体上可以将其分为劳动课程、劳动技能、各学段的劳动教育实践、劳动教育与其他类型教育的关系等方面，有两个主要趋势：

其一，近 30 年来，研究者们始终对劳动教育课程高度关注。不仅总结了典型地区、具体学校的劳动教育课程建设经验，还搭建了劳动教育课程体系的理论探索。这与 CNKI 分析关键词共线网络中的中心词"教育体系"互为印证，健全的课程体系能够为劳动教育体系的建立提供必要的支撑。

其二，劳动教育的研究重点由 20 世纪末的体力劳动教育、动手能力教育转向 21 世纪初的劳动观念教育、创新型劳动人才培养教育。从 21 世纪开始，研究者们逐步拓展劳动教育的内涵，以学校为主要载体开展劳动教育，不断开辟劳动教育的实践基地，积极探寻劳动教育与国民教育、心理健康教育、审美教育等其他类型教育相结合的可能性。

(四)文献内容分析

在对劳动教育研究的发文数量、主题分布和研究趋势了解后，进一步深入阅读文献的具体内容，加深对该主题的理解。廖婷通过梳理 2007—2016 年国内劳动教育的相关文献，认为国内劳动教育研究集中于两个方面：劳动教育的内涵、特点及作用;劳动教育的影响因素、存在问题及对策。❶通过本节第一部分的研究概况分析可知,2016 年以后,劳动教育相关研究呈指数型增长,课题组在最新研究的基础上对有关成果进行了总结。

1. 关于劳动教育内涵的研究

关于劳动教育是什么的问题,不同时期的研究者都有不同的界定。

《教育大辞典》从 20 世纪末的现实情况出发,强调劳动教育即劳动、生产、技术和劳动素养方面的教育,主要任务是培养学生正确的劳动观点、劳动态度、劳动习惯,使学生获得工农业生产基本知识和技能。❷这一时期的劳动教育概念虽然涉及知识、技能和情感态度,但是对于学生习得劳动知识、技能的要求还比较狭隘,将劳动简单地归为工农业生产劳动。

21 世纪初,黄济认为劳动教育是一个涉及范围很广、不甚确定的概念。从基本内容来分,可分为生产技术劳动、社会公益劳动、生活服务劳动(或生活自理)等;从基本素养来分,可分为劳动观点、劳动态度、劳动习惯等。劳动教育的基本任务有两大方面:一是劳动技能的培养,二是思想品德的教育。前者属于科技教育范畴,后者属于道德教育范畴,在实际教育工作中,常常是两者兼而有之。❸劳动教育的“内涵分类观”的理论,广为学界所接纳。

在近年的研究中,对于劳动教育概念的界定逐渐稳定,总体上也沿用和继承了前期的一些有关概念界定,但劳动教育的概念也不断丰富和拓展。康钊等人认为,劳动教育应当涵盖生活服务劳动、社会公益劳动和生产技术劳动等一切有教育意义的体力和脑力劳动。❹赵长林认为,劳动教育包含体力劳动和脑力劳动教育两方面。❺不仅涉及农业、工业生产劳动教育,还包括学生日常的学习活动、知识分子的科技创造活动。刘向兵认为,新时代的劳动教育内容

---

❶ 廖婷. 近十年国内关于劳动教育的研究综述——基于 CNKI 数据分析[J]. 课程教学研究,2018(2):42-45.

❷ 顾明远. 教育大辞典(增订合编本)[M]. 上海:上海教育出版社,1998.

❸ 黄济. 关于劳动教育的认识和建议[J]. 江苏教育学院学报(社会科学版),2004(5):17-22.

❹ 康钊,祝蜜,万龙. 劳动教育与“三生教育”关系探究[J]. 教学与管理,2018(9):8-11.

❺ 赵长林. 新中国成立 70 年我国劳动教育思想的演进与劳动课程的变迁[J]. 国家教育行政学院学报,2019(6):9-17.

不仅包括劳动习惯、劳动态度、劳动品德的培养,还包括劳动认知、劳动价值观、劳动知识与技能的培养❶。檀传宝认为,劳动教育是以促进学生形成劳动价值观(即确立正确的劳动观点、积极的劳动态度,热爱劳动和劳动人民等)和养成劳动素养(有一定劳动知识与技能、形成良好的劳动习惯等)为目的的教育活动❷。以上概念界定,都属于目前学界比较有影响力的代表性观点。

总的来说,我国经过初期效仿学习与探索,形成了具有高度政治化、生产劳动化和实用技术化色彩的劳动教育思想❸;21世纪初,通过对劳动教育基本问题的探讨与反思,将劳动教育进行制度化规范;相关研究进一步深入,政策也根据实践中存在的问题不断调整,劳动教育成为素质教育的组成部分;如今劳动教育重新回归"五育",研究者与实践者们共同着力构建新时代劳动教育体系,劳动教育的内涵顺应时代背景不断丰富、发展。❹

2. 关于劳动教育特点的研究

在内涵界定的基础上,许多研究者对劳动教育的特点进行了系统研究。丁文杰通过分析1949—1989年的劳动教育演变历程,归纳了劳动教育的特征:首先,劳动教育具有改造性,是改造思想、树立进行思想政治教育,提高劳动实践能力的主要途径;其次,劳动教育具有现实性,与国家的经济发展和政治建设密切相关;最后,劳动教育具有时代性,劳动人民始终受到普遍的尊重与关爱❺。陈理宣和刘炎欣谈到,当代劳动教育思想揭示了劳动教育的基础性、综合育人性及精神价值性,为全面科学实施劳动教育提供了前提条件。❻王连照

❶ 刘向兵.新时代高校劳动教育的新内涵与新要求——基于习近平关于劳动的重要论述的探析[J].中国高教研究,2018(11):17-21.

❷ 檀传宝.劳动教育的概念理解——如何认识劳动教育概念的基本内涵与基本特征[J].中国教育学刊,2019(2):82-84.

❸ 徐海娇,柳海民.历史之轨与时代之鉴:我国劳动教育研究的回顾与省思[J].教育科学研究,2018(3):36-41,47.

❹赵长林.新中国成立70年我国劳动教育思想的演进与劳动课程的变迁[J].国家教育行政学院学报,2019(6):9-17.

❺ 丁文杰.1949—1989年:劳动教育的演变历程及特征[D].临汾:山西师范大学,2015.

❻陈理宣,刘炎欣.劳动教育与德智体美教育的基础关联和价值彰显[J].中国教育学刊,2017(11):65-68.

认为,新时期的劳动教育具有本质自然性、目标改造性、概念发展性、内涵统领性、内容强联结性、执行适度性、价值召唤性和评价自发性等特征。[1]檀传宝认为,劳动教育具有普通教育的特征,旨在落实全面发展的教育方针;劳动教育具有价值教育的属性,劳动价值观才是劳动素养的核心;劳动教育具有强烈的时代特征[2]。

综合以上学者的观点,可以看出劳动教育在不同历史时期有一些共同的特点,主要包含普遍性、价值性、时代性。普遍性,指的是劳动教育是个人全面发展的根基,也是普通教育的一部分,与德智体美四育紧密地联系在一起,并在实践中渗透于四育的培养过程中,对人的发展起到积极的作用;价值性,是指劳动教育具有多方面的价值,作为个人价值实现的基本认知,始终承载着一定时期的政治价值,并且作为经济产出的精神基础,支撑着个体的发展与社会的进步;时代性,指的是在不同历史时期的教育变革、社会转型背景下,由于生产力水平的变化,劳动教育被赋予了不同的任务,随着生产结构的转变,对于劳动的需求有所变化,劳动教育呈现出不同的内涵和要求。

3. 关于劳动教育功能的研究

新时代劳动教育思想是对马克思主义劳动价值理论的新发展。劳动不仅仅创造"经济价值",而且具有更重要的"人生价值"和"精神价值"[3]。劳动教育的功能,主要有促进个体发展、促进社会进步,以及劳动教育在"五育"中独特的育人作用三个方面。

一是劳动教育作为个体发展的根基,有助于个人价值的全面实现。徐海娇认为劳动教育能成为个体积累经验、陶铸公共理性、完成自我确证的方式和媒介[4]。劳动能够激发个体的求知欲,而个体又可以通过劳动将经验转化为新知,形成新的心智模式和思维方式。劳动增进人的交往能力、同理心和责任

[1] 王连照.论劳动教育的特征与实施[J].中国教育学刊,2016(7):89-94.

[2] 檀传宝.劳动教育的概念理解——如何认识劳动教育概念的基本内涵与基本特征[J].中国教育学刊,2019(2):82-84.

[3] 赵长林.新中国成立70年我国劳动教育思想的演进与劳动课程的变迁[J].国家教育行政学院学报,2019(6):9-17.

[4] 徐海娇.重构劳动教育的价值空间[J].中国教育学刊,2019(6):51-56.

感,有助于获得自我价值感,建立自我意识。康钊等人认为,劳动教育是联系自然生命、精神生命和社会生命的关键纽带,是"三生教育"(生命教育、生存教育和生活教育)的根本❶。赵荣辉认为,劳动教育能够激发儿童的潜能、赋予儿童自由成长的空间、引导儿童趋向有意义的生活❷。陈林和卢德生认为,劳动应当成为儿童精神生活所不可或缺的部分。劳动教育作为促进儿童身心和谐发展的一种新型教育形式,能够培育学生尊重劳动的价值观、提升全面发展的素质、激发勇于创造的精神,最终实现自我价值❸。文新华认为,劳动教育有利于个体品德的健康发展,有利于受教育者学习谋生能力、有利于受教育者身体素质的提高❹。在人工智能时代,劳动教育可以培养学生的反思精神、创新精神和合作精神。❺

　　二是劳动教育促进人的发展,同时也推动社会的发展进步。卓晴君认为,劳动教育是中小学教育的重要组成部分,其发展历程与我国政治、经济、社会、教育等发展紧密相关❻。劳动教育在社会发展的过程中,发挥着促进政治、经济和教育发展的作用。从政治层面来说,虽然不同历史时期劳动教育的侧重点各有不同,但总体而言是为了全面落实党的教育方针,培养全面发展的社会主义建设者和接班人,落实立德树人的根本任务。❼劳动教育是维护《中华人民共和国宪法》的需要,是防止寄生阶层出现的需要,是协调社会各劳动阶层相互关系的需要,是维护国家稳定的需要。❽从经济与社会的层面来说,劳动教育是教育与生产劳动相结合的重要途径❾,劳动教育通过提高受教育者的劳动素质,促进社会劳动生产率的提高,从而促进社会经济的发展。而且,劳动

---

❶ 康钊,祝蜜,万龙.劳动教育与"三生教育"关系探究[J].教学与管理,2018(9):8-11.

❷ 赵荣辉.论劳动促进儿童的发展[J].教育学术月刊,2013(8):25-28.

❸ 陈林,卢德生.小学劳动教育的路径及保障[J].教学与管理,2019(17):11-13.

❹ 文新华.论劳动、劳动素质与劳动教育[J].教育研究,1995(5):9-15.

❺ 杨颖秀.人工智能时代劳动教育的价值省思与超越[J].中小学管理,2019(5):23-25.

❻ 卓晴君.我国中小学劳动教育课程的变迁与展望[J].基础教育课程,2019(5):34-45.

❼ 王晓燕.中小学劳动教育的政策演变、价值诉求与未来建构[J].中小学管理,2019(5):5-7.

❽ 文新华.论劳动、劳动素质与劳动教育[J].教育研究,1995(5):9-15.

❾ 班建武."新"劳动教育的内涵特征与实践路径[J].教育研究,2019,40(1):21-26.

教育有助于培养教育者的谋生能力,从而减少社会的经济负担。❶在新的历史时期,实现中华民族伟大复兴的中国梦必须依靠劳动,深化供给侧结构性改革需要构建和谐劳动关系,中国制造转型升级需要一支高素质产业工人队伍。❷

三是劳动教育在学校教育中发挥着促进学生全面发展的功能。劳动教育作为全面教育体系的重要组成部分,以其鲜明的实践性导向,有利于学生树德、增智、强体、育美,为其他四育奠定基础。❸某种程度上可以说,劳动教育是各种教育的统领,把其他一切教育内容联结在实践之中。一切科学知识无不来源于劳动,一切创造发明无不是为了提高劳动效率和品质,劳动联结着人类已知的与未知的、感性的与理性的、机体的与认知的、身体的与大脑的、理智的与情感的等人的全面发展内容。❹通过劳动教育与德智体美等其他教育内容的系统性设计和教育行政部门、媒体等教育教学活动的外部力量的强力助推,可以实现劳动教育对加强素质教育的现实性回应、对现当代中小学生特征性缺陷的自然性弥补和对基础教育与中等和高等教育人为脱节的自然性贯通❺。

总而言之,劳动观作为马克思主义唯物史观的核心内容,体现了马克思关于人的全面发展理论的深化。一方面,劳动不仅创造了人类,同时也是人类的本质特征和存在方式,推动着社会历史向前发展;另一方面,劳动教育的过程体现了人的全面发展过程,二者是相辅相成的有机统一体。❻此外,作为学校教育的重要组成部分,劳动教育在学校教育中扮演着至关重要的角色。

4.关于劳动教育实施路径的研究

劳动教育具有强烈的时代特征与社会属性,不等同于一般性的活动、实

---

❶ 文新华.论劳动、劳动素质与劳动教育[J].教育研究,1995(5):9-15.

❷ 刘向兵,李珂,彭维锋.深刻理解新时代加强劳动教育的重大意义与现实针对性[J].中国高等教育,2018(21):4-6.

❸ 李珂.行胜于言:论劳动教育对立德树人的功能支撑[J].教学与研究,2019(5):96-103.

❹ 陈理宣,刘炎欣.劳动教育与德智体美教育的基础关联和价值彰显[J].中国教育学刊,2017(11):65-68.

❺ 白雪苹.对当代中小学劳动教育缺失的"冷"思考[J].教学与管理,2014(13):82-84.

❻ 郑程月,王帅.建国70年我国劳动教育的演进脉络、时代内涵与实践路径[J].当代教育科学,2019(5):14-18.

践,包括但不等于具体劳动技术的学习或者体力劳动锻炼。那种有意无意将劳动教育与20世纪五六十年代"学工、学农"等劳动教育旧形态相提并论的思维,已经无法适应21世纪中国全面深化改革开放的社会实际。在当前形势下劳动教育应当大力倡导,但劳动教育要落到实处,其观念与实践无疑都应当与时俱进。❶因此,总结已有的劳动教育实施路径,对于新时代深化劳动教育改革无疑具有重要的意义。

宏观层面,政府要成为引领劳动教育价值的先导者、坚守规则的执尺者,保障各地各校的劳动教育有所依托、有序开展、有效评价。有研究者认为,劳动与教育应当在原有"劳教结合""科技结合""综合实践结合"的基础上,在新时期寻找新的"结合点"❷。政府需要把握好新时代劳动教育与其他"四育"结合的机遇与挑战,从劳动理论和劳动实践两方面构建新的行动指南。

中观层面,学校要明确劳动教育的核心目标和实施节奏。有研究者观察到,一些中小学虽然劳动教育课程内容丰富、类型多样,学习方式体现着实践性和行动性,但劳动教育课程体系缺少应有的"灵魂"。为有效实施劳动教育,学校需要进一步从劳动教育目标体系的构建、劳动课程的教育价值挖掘及社会公益服务活动的改进等三个方面进行设计。❸充分发挥劳动教育的跨学科特点,以解决复杂现实问题为主体,项目化学习为载体,建构起具有新时代特征的劳动教育目标、课程和评价体系;探索未来科技、未来社会的现代创新型劳动形式,集创新、创业、创造能力培养于一体,引入"互联网+劳动教育""人工智能+劳动教育",推进劳动教育内容和方式的现代化,在劳动教育中让学生学会创造,体现劳动教育培养现代化的人的教育功能。❹

微观层面,学校要开设、优化完善劳动教育相关课程。在课程实施过程中,充分尊重儿童身心成长规律,突出儿童劳动教育具有的自然属性和生活化

---

❶ 檀传宝.劳动教育的概念理解——如何认识劳动教育概念的基本内涵与基本特征[J].中国教育学刊,2019(2):82-84.

❷ 王维审.中小学劳动教育的实践与发展概述[J].中小学德育,2018(7):5-9.

❸ 李群,郝志华,张萍萍.中小学劳动教育的实践观照与理性回归[J].中小学管理,2019(5):8-10.

❹ 赵长林.新中国成立70年我国劳动教育思想的演进与劳动课程的变迁[J].国家教育行政学院学报,2019(6):9-17.

特征,关注学生的日常实际生活,重在让中小学生养成良好的学习习惯,把按时认真完成作业、遵守学习纪律、刻苦学习、开展科学实验、搜集标本等科技活动作为劳动教育的基本形式;让儿童从事家务劳动、班务宿舍值班劳动、校园卫生美化劳动、社会公益劳动,让学生在日常生活中去感知、认识、了解和体验劳动的光荣、美丽和幸福❶。学校有必要为学生营造自由的劳动环境,创造丰富的劳动空间,提供切实的劳动指导❷,创设有特色的劳动教育校本课程,组织社会公益劳动的实践活动,践行依托家庭生活的家务劳动,实现学校、社会、家庭三位一体的劳动教育渠道❸。

5. 关于劳动教育保障措施的研究

推动劳动教育政策落地,关键在于相应的保障措施。长期以来,劳动教育实践客观上存在实施主体单一,主体责任不明确,缺乏评价、督促机制等问题。已有研究中,关于劳动教育保障措施的讨论主要是以国家为主体展开,在现有政策保障的基础上,提出了制度、立法、督导、评价等方面的要求。

在劳动教育被弱化、淡化、异化的现实状况下,必须以法律制度形式规定劳动教育主体,明确各主体的责任,建立评价、督导机制,明确劳动教育成绩的使用范围等一系列的制度建构❹。也有研究者认为,学校要想有效开展劳动教育、落实劳动实践活动,需要做好顶层规划,建立实施学校劳动教育的有效保障❺。还有研究者指出,劳动教育的实施需要提高制度建设在教育整体工作中的比重与层级,为劳动教育立法,通过劳动教育法强制保障劳动教育在学校、社会、家庭各个层面的落实,提高中小学生综合素质,提升学习者的实践动手能力和社会责任感,最终实现以法治教、以教修德、以德树人的人才培养愿景❻。

---

❶ 赵长林.新中国成立70年我国劳动教育思想的演进与劳动课程的变迁[J].国家教育行政学院学报,2019(6):9-17.

❷ 段冬梅.儿童创造性劳动的教育价值及实践策略[J].江苏教育研究,2019(16):3-6.

❸ 陈林,卢德生.小学劳动教育的路径及保障[J].教学与管理,2019(17):11-13.

❹ 陈理宣,刘炎欣.劳动教育与德智体美教育的基础关联和价值彰显[J].中国教育学刊,2017(11):65-68.

❺ 李群,郝志华,张萍萍.中小学劳动教育的实践观照与理性回归[J].中小学管理,2019(5):8-10.

❻ 王连照.论劳动教育的特征与实施[J].中国教育学刊,2016(7):89-94.

总体而言,在保障措施方面,大多数研究者认为,教育行政部门需要根据实际情况完善政策、形成制度,继而将制度上升到法律的高度。劳动教育的管理者是政府和教育行政部门,实施主体是学校,宏观层面有必要进一步制定考核规则,督导劳动教育在一线中的开展情况,及时在实践中发现问题,调整宏观政策。能否将劳动教育纳入到学生评价系统中,是学术界讨论的热点问题,一方面评价能够让劳动教育得到充分的重视;但另一方面,也会影响劳动教育评价的公平性、真实性、有效性等。

(五)新时代劳动教育研究展望

根据对中国知网(CNKI)数据库核心期刊"劳动教育"主题发文的概况分析,可以了解劳动教育相关文献的数量分布、主题分布和研究趋势,进而通过内容分析,整理出不同时期劳动教育的内涵、特点、功能、实施路径和保障措施。以此为基础,可以深入探讨劳动教育如下几个方面问题。

1. 明确新时代劳动教育的内涵和目标

通过综述核心期刊发文对于劳动教育内涵的阐述可以发现,劳动教育的概念大致可以分为广义和狭义两种。广义的劳动教育包括了一切与劳动相关的体力劳动和脑力劳动,贯穿人生始终,涉及的主体也多。而狭义的劳动教育指具体的劳动知识、技能、习惯、态度、品德、价值观等。为了更好地在实践中贯彻劳动教育理念,通常采用狭义内涵对劳动教育进行诠释。

在生产力高速发展的当代社会,劳动形态的不断更迭也成为常态。在这种情况下,劳动教育必须保持开放的姿态,高度关注劳动形态的变化并根据变化发展了的劳动形态及时更新教育内容[1]。新时代已将劳动教育作为党的教育方针的重要内容,劳动教育的目标和内涵也应当与时俱进,根据时代要求做出相应调整。具体而言,教育行政部门要在劳动教育方针的指导下,因地制宜地设置劳动教育的操作化定义,明确劳动教育的目标和内涵,并形成可供一线教学实践的具体目标,以劳动教育课程、综合实践活动和公益活动等为载体,以丰富的内容、先进的教育方式为依托,将劳动教育落到实处。

---

[1] 班建武."新"劳动教育的内涵特征与实践路径[J].教育研究,2019,40(1):21-26.

2. 验证劳动教育实施途径的有效性

研究发现,已有的理论和实践探索中已经提及诸多劳动教育的实施途径,但不同措施的指导作用和现实意义仍须进一步考证。宏观层面上,教育行政部门制定的规章制度能否保障各地各校有序开展劳动教育,能否及时对劳动教育的结果进行有效评估,都需要建立监控机制。中观层面上,学校能否把握时代背景,结合学校情况,厘清劳动教育的核心目标,制定相应的教学规划,充分发挥能动性,逐步找到适合学校的劳动教育发展路径。微观层面上,每个家庭、每位学生能否认识到劳动教育的重要性,在日常生活中自觉培养热爱劳动的习惯,这些都值得探究。创设特色化劳动教育的校本课程,组织社会公益劳动的实践活动,践行依托家庭生活的家务劳动,实现学校、社会、家庭三位一体的劳动教育渠道❶,为学生提供丰富劳动教育机会的同时,可以从各个方面观察劳动教育为学生带来的变化。有效性的验证,依赖于长期性的实证研究,但由于新时代劳动教育的实施属于新的探索,国内劳动教育有效性的实证研究相对匮乏,需要一定的时间积累;但正是因为如此,也为将来验证劳动教育实施路径的有效性打开了一扇窗,成为劳动教育研究新的方向。

3. 推动劳动教育体系的形成

2015年,教育部发布《关于加强中小学劳动教育的意见》,提到要用3~5年时间,推动建立课程完善、资源丰富、模式多样、机制健全的劳动教育体系❷。但文件实施三年后,有学者认为目前我国的劳动教育在课程开发层面,仍然缺乏顶层设计和系统规划;在教材建设上缺乏课程标准的指引,各自为政,内容不衔接,甚至脱节、缺项,没有形成完整学段链条,不论是知识逻辑、技术逻辑还是价值认知逻辑上都缺乏对应衔接,在劳动教育规律和青少年学生成长规律、学习规律的认知上对接不够❸。综合实践活动虽然列入了劳动技术的内容,但各地根据自己的认识和理解实施,很难确保其系统性、完整性。

针对现状,从劳动教育体系构建的制度保障来看,国家宏观层面应该从政

---

❶ 陈林,卢德生.小学劳动教育的路径及保障[J].教学与管理,2019(17):11-13.

❷ 冀晓萍.加强中小学劳动教育 创新高素质人才培养路径——教育部基础教育一司就《关于加强中小学劳动教育的意见》答本刊记者问[J].人民教育,2015(17):27-29.

❸ 徐长发.新时代劳动教育再发展的逻辑[J].教育研究,2018,39(11):12-17.

策上给予劳动教育应有的重视,通过调研劳动教育的实施情况,修订完善已有文件中关于劳动教育课时的要求,根据学生的身心发展规律,形成基础教育阶段劳动教育的课程标准;从劳动教育的内容载体——课程开发角度看,应适时将劳动教育纳入国家课程,解决地方课程、校本课程不完备的问题;从劳动教育的实施载体来看,实施主体需要明确各种各样的劳动教育方式能否服务于初始目标,及时化繁为简,逐步形成目标指向一致、内容科学衔接、方式多样的劳动教育体系。

4．建立健全劳动教育的评价机制

劳动教育未受到足够的重视,一个重要原因在于学校没有把劳动教育纳入相应的学生素质考评范围之内,即使作为考评对象,其所占比例微乎其微,只起到象征性作用[1]。针对现状,亟须自上而下和自下而上同时建立科学的劳动教育评价机制,让劳动教育真正做到制度上有保障、学校中有规则、学生家长有反馈。但是对劳动教育进行评价并非易事,学生对劳动教育知识、技能的掌握情况也许可以通过考试等方式进行总结性评价,但是测评学生的劳动习惯、态度、价值观等,需要引入过程性评价,进行较长时间的观察与总结,评价主体也会因劳动教育的参与对象不同而有所不同。因此,劳动教育评价机制的建立需要教育行政部门、学校、教师和学生多方面努力,在构建劳动教育体系、开发劳动教育的课程之初,将评价作为一个重要指标。可以积极借鉴国外劳动教育评估的经验,将学生劳动教育情况和相关材料记入学生综合素质档案袋,作为升学、评优的依据[2],凸显劳动教育在新时代所处的重要地位。

二、新时代劳动教育的内涵和特点

基于已有研究文献的系统梳理,为我们准确把握新时代劳动教育的内涵、外延和特点夯实了基础。

(一)新时代劳动教育的内涵

在过去很长的一段时间里,劳动教育侧重于具体劳动技能的培养。但随着

---

[1] 刘国飞,冯虹.新时期劳动教育的改进措施[J].现代中小学教育,2016,32(4):16-19.

[2] 徐长发.新时代劳动教育再发展的逻辑[J].教育研究,2018,39(11):12-17.

劳动形态的持续变革,新时代劳动教育越来越成为当代人最重要的存在方式❶。其必将在回归实践本质的同时,实现内容的扩充和功能的演变。进入21世纪,基于劳动教育对个体与社会意义两方面的分野,劳动教育的外延也在不断拓展。

一方面,劳动教育与个人发展息息相关,而新时代素质教育、终身学习等概念的出现为劳动教育注入了新的内涵,进一步拓展了劳动教育的外延❷。有学者认为,劳技教育有利于创新性头脑功能的开发。劳技教育培养的质量意识、效益意识、协作精神、冒险精神及艰苦奋斗精神是创新教育的重要内容。❸徐长发等人认为劳动技术教育有助于培养学生的创新精神和实践能力,是实施素质教育的重要载体和途径。❹谢丽玲关注劳动课教学,认为其在培养学生正确的劳动观念和高尚的品德、劳动品德及创新精神方面具有重要意义。❺

另一方面,对新时代劳动教育的诸多价值探讨,反映其在新时代内涵与外延更加丰富。杜双春从劳动教育是实现德智体诸方面的突破口、是培养全面发展的社会主义建设者和接班人的重要途径、是使青年学生健康成长的突破口这三个角度强调了劳动教育的重要地位❻。厉以贤认为,实行教育与生产劳动相结合的价值和目标,不仅有教育价值,而且有经济价值、社会价值和文化价值。❼

此外,有研究者进一步将劳动教育与劳动技术教育、通用技术教育、社会实践活动、公益服务等传统意义上属于劳动教育范畴下的概念做了区分。檀传宝认为,劳动教育虽然与"劳动技术教育""通用技术教育"等概念相关,不过"劳动技术教育"更强调技术的学习,与职业定向存在更密切的关联;"通用技术教育"则是开展基础技术教育的课程形式,"通用技术"是其教育重点,"劳

❶ 班建武."新"劳动教育的内涵特征与实践路径[J].教育研究,2019,40(1):21-26.

❷ 李伟.新中国成立以来"劳动教育"概念的嬗变[J].上海教育科研,2019(7):15-19.

❸ 孙智昌.发挥劳技教育优势积极开展创新教育[J].中国教育学刊,1999(6):18-19.

❹ 徐长发.发展劳动技术教育的意义和途径[J].教育研究,2002(12):75-79.

❺ 谢丽玲.劳动教育在学生全面发展教育中的作用[J].湖南师范大学教育科学学报,2003(6):53-55.

❻ 杜双春.论劳动教育与德智体全面发展[J].教学与管理,1991(6):12-13.

❼ 厉以贤.教育与生产劳动相结合的理论及其发展[J].江苏高教,1995(1):7-12.

动"已不是其核心意涵❶。但是持广义劳动教育概念的研究者往往认为这些概念应当涵盖在劳动教育的大概念之下❷。总之,不同历史阶段劳动教育的内涵和外延是不同的,劳动教育的概念与内涵随着时代发展在实然和应然层面发生着变化。需要说明的是,把握时代特点、贯彻与时俱进的原则是劳动教育发展的重要基点,劳动价值观的培养是劳动教育的核心。

综上所述,新时代劳动教育,指的是在马克思主义思想指导下,教育者通过一定的实践载体,培养学生正确的劳动观念、劳动态度、劳动习惯、劳动情感、劳动意志,使学生获得生存、生产必需的知识和技能,以及创造性开展劳动实践的一种教育活动。

(二)新时代劳动教育的特点

根据文献梳理和有关研究成果,可以发现劳动教育在不同时期有不同的特点。随着时代的发展,新时代劳动教育有别于传统的劳动教育,主要呈现以下五个方面的显著特征。

(1)时代性:时代性指的是在不同历史时期的教育变革、社会转型背景下,由于生产力水平的变化,劳动教育被赋予了不同的目标。随着生产结构的转变,对于劳动的需求有所变化,劳动教育的时代性得以凸显。当前,新时代劳动教育的地位在全国教育大会后进一步巩固、加强,具有鲜明的时代特征。

(2)普遍性:普遍性指的是劳动教育是个人全面发展的根基,也是普通教育的一部分,与德智体美"四育"紧密地联系在一起,并在实践中渗透"四育",对人的发展起到积极的作用。劳动教育的普遍性还表现在与国家的经济发展和政治建设密切相关,为学生将来的生活和就业打下基础。

(3)价值性:劳动教育可实现个人价值,并承载着一定时期的政治价值,作为经济产出的精神基础,推动着社会的进步;从个体发展来看,用马克思主义的教育理论来审视,劳动教育是人实现全面发展的唯一路径。

(4)实践性:劳动教育借助工具,通过劳动作用于自然和社会,并且改造自

---

❶ 檀传宝.劳动教育的概念理解——如何认识劳动教育概念的基本内涵与基本特征[J].中国教育学刊,2019(2):82-84.

❷ 康钊,祝蜜,万龙.劳动教育与"三生教育"关系探究[J].教学与管理,2018(9):8-11.

然和社会;另一方面,劳动教育也是改造思想、进行思想政治教育的主要途径,可以提升自我对外界事物的认知,进而提升自己。从教育层面来看,实践性体现为培育学生正确的劳动价值观和劳动态度,构建开放性的劳动教育实践体系。

(5)创造性:劳动教育的创造性主要体现为劳动赋予个体在劳动教育中获得自我存在的价值感,丰富其关系属性;未来,随着人工智能时代的到来,新时代劳动教育具有区别于旧时代的显著特征,其能够创新性地开展生产劳动。

第三节　我国劳动教育发展的历史脉络

劳动是人类改造自然和社会的一种实践性活动,而劳动教育是传递劳动经验、技能、价值的一种教育性活动。可以说,自从有了人类,就有劳动和劳动教育,我国劳动教育的发展历程有着丰富的积累和传承。

一、1949 年之前的劳动教育概况

(一)古代劳动教育溯源

早在原始社会,"庠"作为养老兼教育的地方,是学校的萌芽。那时生产力水平低下,没有产生专门的教育机构,劳动和教育相互交织。西周时期的教育内容以"礼、乐、射、御、书、数"为主,其中"御"是指驾驶马车,驾车不只用在战场上,也用在日常的生产劳动中。西周为了培养不脱离农业生产的"士",还有"三时务农,而一时讲武"的说法。❶随着社会生产力的提高,小部分人脱离生产劳动专职于教育。春秋战国时期,以孔子和孟子为典型代表的儒家学派持消极的劳动观,重仁礼而轻劳动。以商鞅和韩非为代表的法家学派倡导"耕战",主张鼓励农耕,此时教育与劳动的关系是统治者以政策引导或教导人民劳动,以此为基础促进经济发展。自西汉起,儒学逐步主导历代的文教政策,后来,隋朝开始举办科举考试,这成为人才选拔的主要途径,劳动教育逐渐淡出了历史的记载。

---

❶ 胡青.耕读——中国古代的教育与生产劳动相结合[J].江西师范大学学报(哲学社会科学版),1992(3):9-12,22.

(二)近代劳动教育发展情况

清朝末期,洋务派审时度势兴办了一批涉及电报、西医、铁路、造船等领域的实业、技术、军事学堂,以劳动为载体进行知识、技能及爱国情感等教育,拉开了中国教育近代化的进程。洋务大臣沈葆桢提出"留洋育才",奏请派遣福州船政学堂的学生赴欧洲进一步学习西方的先进技术,成为近代中国教育迈向世界重要的一步。

民国初年,蔡元培发表《对于新教育之意见》,提出"五育并举"的教育方针,主张培养学生健全的人格,五育不可偏废,突破了近代"中体西用"人才培养模式的桎梏。其中,实利主义教育从社会价值与个人发展价值和谐发展的层面进行论述,从单一的劳动上升到人的全面发展。1928年,蔡元培在全国教育会议的开会词中指出:"要养成全国人民劳动的习惯,使劳心者亦出其力以分工农之劳,而劳力者亦可减少工作时间,而得研求学识机会,人人皆须致力于生产事业,人人皆得领略优美的文化。简言之,使教育劳动化。"[1]这表示蔡元培德智体美劳"五育并举"教育思想体系的形成。蔡元培不仅批判传统教育中"学而优则仕"的观点,更提出"劳工神圣"的口号,主张"工学结合""即工即学",这奠定了近代劳动教育思想的基石。

新文化运动继承并发展了"五育并举"的教育思想,倡导教育的实用化,主张学校教育应与社会生活、学生的个人生活接轨,教育目的之一是提高学生的生活能力和动手能力,进而培养学生健全的人格,教育的内容须科学、实用。陶行知倡导"手脑相长",提倡"教学做合一",指出,"劳动是获取真知的重要途径,劳动教育也只有寓于生产实践才能真正具有长久生命力"[2]。同时,陶行知认为劳动教育不是孤立的,而是与生活密切联系的,要以生活教育为载体丰富劳动教育,他说:"马路、弄堂、乡村、工厂、店铺、监牢、战场,凡是生活的场所,都是我们教育自己的场所"。[3]陈鹤琴重视幼儿的劳动教育,认为,"一切的学

---

[1] 蔡元培.蔡元培教育论集[M].长沙:湖南教育出版社,1987:449.

[2] 李珂,蔡元帅.陶行知劳动教育思想对新时代加强大学生劳动教育的启示[J].思想教育研究,2019(1):107-110.

[3] 陶行知.陶行知全集(第3卷)[M].成都:四川教育出版社,1991:126.

习,不论是肌肉的,不论是感觉的,不论是神经的,都要靠'做'的"。❶他还认为,劳动教育与幼儿的身体发展、智力发展、良好品德的形成及审美能力的发展都有着紧密的联系,因此,应当注意劳动教育在幼儿教育中的合理编排。

社会变革催生了教育思潮的勃兴,教育先行者将教育与救国紧密相连,赋予劳动教育特殊的时代色彩。平民教育思潮以五四爱国青年为主力,主张改良教育的方向,就是使全体人民都受到民主与科学的熏陶,尤其要使目不识丁的工农群众受到教育。当时所办的工人报刊以《劳动界》为例,深入浅出地讲明劳动创造世界、劳动创造价值的真理,揭露劳资对立,指出无产阶级的历史使命和寻求解放所须遵循的正确途径❷。这为向工人、群众传播马克思主义基本知识,激发阶级觉悟,教育工人、群众争取自由和解放,促进工人运动的发展作出了巨大贡献。李大钊发表《劳动与教育问题》,大力呼吁多设立劳工补助教育机关,使一般劳作的人也有均等机会去读书、去看报、去补习技能和修养精神。❸工读主义教育思潮则重视劳动价值,进行教育与生产劳动相结合的实践尝试,冲击了"德成而上,艺成而下"的传统教育观念,从而使教育更富有大众化、平民化的色彩。❹与此同时,随着五四运动的发展和马克思主义的传播,赴法勤工俭学运动进入了高潮。国内工读互助运动兴起,他们反对教育上的特权,主张"做工的求学,求学的做工",使劳工有享受教育的权利。职业教育思潮以实用精神为核心,主张在学校的职业教育与社会生产和生活紧密相连。

民国时期,劳动教育课程的实施途径主要以课程的开设和户外开辟的实践场地来进行。户外实践场地可以分为种植区、饲养区等,学生通过亲身参与劳动,感受劳动的艰辛和收获的愉快,从而体会生活中的点滴,培养学生自食其力、坚强勇敢和敢于尝试的品质。❺

抗日战争时期,中国共产党率先提出教育要为抗日战争服务的主张,国民

---

❶ 陈鹤琴.陈鹤琴教育文集(下卷)[M].北京:北京出版社,1985:654.

❷ 杨宏雨,吴昀潇.建党时期中国共产党人的劳动观——以《劳动界》为中心的研究[J].江苏社会科学,2013(2):204-212.

❸ 朱建民,荣挺进.李大钊教育文存[M].北京:当代中国出版社,2018.

❹ 文新华.论劳动、劳动素质与劳动教育[J].教育研究,1995(5):9-15.

❺ 陈彤彤.建国以来劳动教育的历史演变与反思[D].海口:海南师范大学,2015.

政府实施战时教育体制,众多民主人士奔走呼号、身体力行,积极为抗战教育服务。陶行知提出普及抗战反侵略的生活教育运动。为配合全面抗战,他提出要有全面的教育来配合促成全面抗战。他积极推进生活教育实践,收留难童,在重庆创办了育才学校。❶晏阳初领导平民教育社,在湖南、贵州、四川等地继续进行平民教育,提高民众的抗日救国觉悟。黄炎培领导的中华职业教育社,在西南地区建立了职业教育培训机构,培养了一大批技术人才和管理人才。邰爽秋倡导民生本位教育,在重庆的农村创办"中国民生建设实验学院",把教育送到民众面前,向民众宣传、普及知识和生产技能。雷沛鸿在广西倡导"以教育大众化为方针,以爱国主义为灵魂,以生产教育为骨干"的国民基础教育运动,改革中等教育,创建国民中学,创办国民大学教育,开办电化教育服务抗战。❷

二、1949—1978年的劳动教育概况

1949—1956年,是劳动教育的初步探索时期。1949年,我国就基于国情确立了旨在为工农服务和促进生产建设的教育建设方针。1950年,《当前教育建设的方针》强调教育要服务工农和生产的目标,并提出要在中小学教育内容中突出劳动教育的重要作用。❸此时劳动教育主要效仿苏联,并于1956年颁发《关于高小和初中毕业生从事劳动生产的宣传提纲》,以此指引劳动教育的发展方向。劳动教育课程内容以全盘学习苏联为主,划分详细、具体,"劳作"课转变为"图画"课、"制图"课,同时开设雕刻、工艺课、参观工厂、农场等课程,给学生动手和动脑创造了机会。❹综合政策引导和课堂教学来看,此时开展劳动教育的主要目的与教育方针相契合,以引导毕业生参加工农业生产劳动为主。

1957—1965年,是我国劳动教育发展的重要时期。基于国内环境对生产力

❶ 中央教育科学研究所.陶行知教育文选[M].北京:教育科学出版社,1981:252,297.

❷ 刘巧利,王晓燕.抗战教育的历史贡献与深远启示——纪念抗战胜利70周年[J].教育研究,2015,36(9):4-9.

❸ 钱俊瑞.当前教育建设的方针[A]//瞿葆奎.教育学文集·中国教育改革[C].北京:人民教育出版社,1991:11-37.

❹ 劳凯声.教育与生产劳动相结合问题新探索[M].湖南:湖南教育出版社,1998:143.

进一步发展的要求,国家调整了劳动教育的方向和内容,逐步脱离苏联模式,劳动教育的课程内容呈现出片面化的特征。1958年提出的"教育与生产劳动相结合"的政策,具有较强政治色彩,体现了"为无产阶级政治服务"的教育价值观❶。主要表现为:第一,理论知识被生产劳动取代,从而破坏了学校的正常教学秩序。第二,教学改革实验繁多无序,包括取消班级、取消教学活动及鼓励学生参加熔炉、钢铁生产等培训。

1966—1976年,这一时期的劳动教育空前扩大化,整个学校的课程内容设置、教学实施方法都以劳动为主,基本在农村、工厂进行,在某种程度上失去了应有的教育意义。1978年,理论界掀起了一场关于真理标准问题的大讨论,这为劳动教育研究提供了思想解放的前提。同年,教育部修订了《全日制中小学暂行工作条例》,重申了对中小学生参加生产劳动的规定,劳动教育驶入规范化发展轨道,劳动教育研究进入"恢复时期"。❷

三、改革开放至21世纪前的劳动教育

改革开放以来,随着全球经济和科学技术的飞速发展,国家积极调整教育政策,劳动教育也得以拨乱反正。高考制度恢复,中小学劳动教学大纲等相关政策的制定突破了固有的思维方式,劳动教育走上标准化发展道路。1981年,教育部发布了《五、六年制中学教学计划通知》,明确指出中学劳动技术课程以服务"四个现代化"为目标。1982年,教育部又下发《关于普通中学开设劳动技术教育课的试行意见》,指出在中学开设劳动教育技术课对现代化建设的重要意义。这份文件首次以独立文件的形式,强调了开设劳动教育课程对现代化建设的重要性,劳动教育的地位进一步提高。1986年,原国家教育委员会在《中小学勤工俭学发展规划要点》中将勤工俭学作为劳动教育的主要手段。1987年,《"七五"期间全国教育科学规划要点》出台,首次把劳育与德智体美(在此之前,劳动教育一直被包含在德育中),劳动教育在人才培养中的重要性

---

❶ 马宝娟.新中国成立以来党的教育方针的价值取向历史演进分析[J].南京工业大学学报(社会科学版),2015,14(4):59-65.

❷ 徐海娇,柳海民.历史之轨与时代之鉴:我国劳动教育研究的回顾与省思[J].教育科学研究,2018(3):36-41,47.

日渐突显。❶

　　然而,在中小学教育实践落实中,劳动教育仍然处于弱势。许多学校虽然开设劳动课,但是缺乏规范化的管理,有"劳"无"课"现象严重。这与学理上对劳动概念界定模糊有重要关联。此时,劳动教育研究主要以苏联的劳动教育实践经验介绍为主。顾明远、晓白、陈旭晟、干正、殷洁等人以《外国教育动态》《外国教育研究》《苏联问题参考资料》《外国教育资料》《外国中小学教育》等期刊为主要阵地,从国内、国外两个维度,运用文献研究法、比较研究法、调查研究法等详细介绍了苏联普通学校劳动教学和职业教学的内容❷,苏联中学生的劳动教育组织形式❸,校际生产教学联合体的教学安排、师资安排、考评方式❹。

　　总之,进入20世纪90年代,在发展素质教育的政策导向影响下,我国劳动教育得到了快速的发展。

四、21 世纪初的劳动教育

　　2001 年 5 月,《国务院关于基础教育改革与发展的决定》出台,随后教育部印发《基础教育课程改革纲要(试行)》,规定从小学至高中设置综合实践活动并作为必修课,课程内容包括:信息技术、研究性学习、社区服务和社会实践、劳动与技术教育。❺然而,政策落实的道路是漫长的,许多政策缺乏切实可行的操作规范。21 世纪以来,我国开展了第八次基础教育课程改革,劳动教育主要以《品德和社会》《综合实践活动》为主,内容主要包括社区服务、社会实践等。劳动教育仍然处于尴尬的位置,学校和家庭的注意力集中在升学上,学生也因为学业压力而无暇分身。在学校里,劳动甚至成为教师惩戒学生的手段。综合实践活动课堂大多成为其他科目的自习课,社区服务和社会实践更无从落实。

---

❶ 何东昌.中华人民共和国重要教育文献(1976-1990)[M].海口:海南出版社,1998:1827,2045,2480,2665.

❷ 刘启娴.苏联普通学校的劳动教育和技术教育[J].中小学管理,1988(5):57-59.

❸ 干正.苏联中学生的劳动教育[J].外国教育动态,1988(1):50-53.

❹ 顾明远.三论苏联普通教育的改革[J].外国教育动态,1984(6):1-6,58.

❺ 徐长发.我国劳动技术教育的发展[J].教育研究,2004(12):11-16.

从21世纪开始,研究者们逐步拓展劳动教育的内涵,以学校的综合实践活动为开展劳动教育的主要载体,不断开辟劳动教育的实践基地,积极探寻劳动教育与国民教育、心理健康教育、审美教育等其他类型教育相结合的路径。综观这一时期的劳动教育研究,共识是劳动教育很重要,是实施素质教育的重要一环。但是,新的课程体系,把劳动技术教育变成了综合实践活动课程,客观上削弱了其课程地位。徐长发指出,劳动教育的课程实施是作为综合实践活动内容的一部分列入的,课程地位与其承担的任务不匹配,在实践中遇到了许多困难和挫折,迫切需要改革和调整[1]。

五、2012年以来的劳动教育

进入新时代,以习近平同志为核心的党中央站在历史高度,坚持和发展了马克思主义劳动价值观、劳动教育观,结合时代发展要求,对马克思主义的教育与生产劳动相结合的理论作出一系列新的决策,形成了习近平总书记关于新时代劳动教育的重要论述。

党的十八大报告指出,全社会应认真贯彻和落实"四个尊重",即尊重劳动、尊重知识、尊重人才、尊重创造。其中,尊重劳动为四个尊重之首。2013年4月,习近平总书记与全国劳模代表座谈时强调:"一勤天下无难事",必须牢固树立劳动最光荣、劳动最崇高、劳动最伟大、劳动最美丽的观念。2014年4月,习近平总书记参加首都义务植树节活动时,对参加植树劳动的少先队员提出,要"努力做到德智体美全面发展,在努力学习的同时,树立劳动观念、劳动意识、劳动习惯,热爱劳动,强健体魄,长大以后通过辛勤劳动为建设祖国贡献力量"[2]。2015年,"五一国际劳动节"前夕,习近平总书记在庆祝"五一国际劳动节"暨表彰全国劳动模范和先进工作者大会的重要讲话中再次强调:"无论时代条件如何变化,我们始终都要崇尚劳动、尊重劳动者,始终重视发挥工人阶级和广大劳动群众的主力军作用。要教育孩子们从小热爱劳动、热爱创造,通

❶ 徐长发.新时代劳动教育再发展的逻辑[J].教育研究,2018(11):13.

❷ 一代人接着一代人干下去 坚定不移爱绿植绿护绿[EB/OL].(2014-04-05)[2021-10-01].http://politics.people.com.cn/n/2014/0405/c70731-24831702.html.

过劳动和创造播种希望、收获果实,也通过劳动和创造磨炼意志、提高自己。"❶ 2016 年,在知识分子、劳动模范、青年代表座谈会上,习近平总书记再次指出: "人类是劳动创造的,社会是劳动创造的。劳动人民是国家的主人。实现中华 民族伟大复兴,必须依靠知识,必须依靠劳动。❷"这些重要论断进一步丰富和 发展了马克思主义的劳动价值观、劳动教育观。

2017 年,党的十九大报告提出,要"弘扬劳模精神和工匠精神,营造劳动光 荣的社会风尚和精益求精的敬业风气",再一次充分肯定了劳动的价值,足见 党和国家对劳动及劳动者的重视。2018 年,"五一国际劳动节"前夕,习近平总 书记在给中国劳动关系学院本科班劳模们的回信中指出,"社会主义是干出来 的,新时代也是干出来的",号召"全社会都应该尊重劳动模范、弘扬劳模精神, 让诚实劳动、勤勉工作蔚然成风",美好生活靠劳动创造。2018 年,在全国教育 大会上,习近平总书记明确提出"培养德智体美劳全面发展的社会主义建设者 和接班人"❸,从党的教育方针的高度强调劳动教育的重要地位。同时,也强调 要"大力弘扬劳动精神,使学生明白劳动的光荣与伟大、崇高与美丽,引导学生 崇尚和尊重劳动,长大后能够辛勤劳动、诚实劳动、创造性劳动"❹。

当前,具有中国特色的劳动教育体系正在逐步建立,劳动教育更重视综合 实践课程和劳动技术课程。其中,劳动技术课程的建立主要以现代科学技术 为基础,结合现代生产劳动,进一步继承和发展马克思主义教育和生产劳动的 理论。与此同时,学术界也积极响应习近平总书记在全国教育大会上对劳动 教育提出的新要求,有关劳动教育的研究重现蓬勃生机,以劳动教育为主题的 研究成果数量达到了前所未有的高峰,劳动教育的学术研究正在向更高层次 迈进。

---

❶ 习近平. 在庆祝"五一"国际劳动节暨表彰全国劳动模范和先进工作者大会上的讲话[N]. 人民 日报,2015-04-29.

❷ 习近平. 在知识分子、劳动模范、青年代表座谈会上的讲话[N]. 人民日报,2016-04-30.

❸ 习近平出席全国教育大会并发表重要讲话[EB/OL]. (2018-09-10)[2020-01-01]. http://www.gov. cn/xinwen/2018-09/10/content_5320835.htm.

❹ 习近平出席全国教育大会并发表重要讲话[EB/OL]. (2018-09-10)[2020-01-01]. http://www.gov. cn/xinwen/2018-09/10/content_5320835.htm.

第四节　新时代劳动教育的政策走向

党的十八大以来,习近平总书记围绕加强劳动教育多次作出重要指示,提出重要论述,强调劳动教育的重要意义,体现了党中央对劳动教育的高度重视。2018年9月,习近平总书记在全国教育大会上明确提出"要努力构建德智体美劳全面培养的教育体系"。将劳动教育纳入德智体美劳全面发展教育体系,把劳动教育提升至全面育人的战略层面,对坚持中国特色社会主义教育发展道路、丰富习近平新时代中国特色社会主义思想,具有重要的意义。2020年3月,中共中央、国务院发布了《关于全面加强新时代大中小学劳动教育的意见》(以下简称《意见》)。《意见》立足当下,对大中小学劳动教育进行顶层设计和全面部署,对劳动教育的目标、内涵及各方主体责任等提出了明确要求,强调劳动教育要体现新时代特征,积极探索具有中国特色的劳动教育模式。深刻认识和把握《意见》中对新时代劳动教育的论断,对全面贯彻落实《意见》精神,推进新时代劳动教育体系构建具有重大意义。

一、以树立正确的劳动价值观为目标

构建新时代劳动教育体系,必须以培养正确的劳动价值观为目标。新时代劳动教育观继承了马克思主义劳动价值观的基本内涵和核心思想,发扬了我国重视教育与生产劳动相结合的优良传统,依据国家发展与民族复兴诉求而形成,是习近平新时代中国特色社会主义思想的重要组成部分。《意见》指出,"要把握劳动价值取向,引领学生树立正确的劳动观,崇尚劳动、尊重劳动,增强对劳动人民的感情,报效国家,奉献社会",突出了当代马克思主义劳动价值观的核心要求。

马克思主义劳动价值观是新时代劳动教育观的理论基础。马克思认为,劳动是一切价值的创造者,是人类及其财富、文化的创造者,并提倡脑力劳动和体力劳动相结合。习近平总书记指出,劳动是人类的本质活动,劳动光荣、创造伟大是对人类文明进步规律的重要诠释。劳动者及劳动本身作为物质财富和精神财富的缔造者,具有崇高的荣誉和重要价值,是经济发展、社会进步、文化繁荣的内在动力。劳动教育是培养热爱劳动、善于劳动的劳动者的主要途径,其本质在于培养劳动价值观,培养学生对于劳动的内在热情与劳动创造的积极性等劳动素养。❶引导学生热爱劳动、尊重劳动,崇尚劳动,树立正确的劳动价值观,必须弘扬劳动精神,培育劳动意识,养成劳动习惯,坚持体力劳动和脑力劳动相结合。

当前,由于传统观念、社会因素等种种原因,中小学生的劳动机会减少、劳动意识缺乏,一些学生轻视劳动、不会劳动、不珍惜劳动成果,劳动教育现状不容乐观。劳动教育让位于应试教育,长此以往,学生了形成轻视劳动的观念,劳动教育流于形式。

劳动教育是教育系统中不可或缺的重要组成部分,也是联系教育系统与社会系统的纽带,对学生成人、成才,有深远的影响。习近平总书记在多个重要场合强调要牢固树立劳动最光荣、劳动最崇高、劳动最伟大、劳动最美丽的观念,全社会都应该尊重劳动模范、弘扬劳模精神。让诚实劳动、勤勉工作蔚然成风。新时代劳动教育观就是以劳动理念培育正确价值观,以劳动梦想实干兴邦谋幸福,以劳动奋斗创造活力精于技能,以劳动教育促动实现立德树人根本任务。❷

二、以"五育并举"全面发展为理念

《意见》指出,要"围绕培养担当民族复兴大任的时代新人,着力提升学生综合素质,促进学生全面发展、健康成长",强调要"把劳动教育纳入人才培养全过程……与德育、智育、体育、美育相融合"。新时代劳动教育发展,要将劳动教育纳入人的全面发展的教育体系,逐步构建"五育并举"的育人局面。

劳动教育的发展历程曲折,"五育并举"育人格局的形成较缓慢。从以课外活动为主,开展劳动教育,到后来以生产劳动教育为主,逐步增加劳动强度和课时,影响正常的教学秩序,再到新时期的坚持学校以教学为中心,调整劳动教育政策,突出技术教育,直到2018年全国教育大会的召开,把劳动教育纳

---

❶ 檀传宝. 劳动教育的本质在于培养劳动价值观[J]. 人民教育,2017(9):45-48.

❷ 王秀玲. 新时代劳动教育发展体系的系统论分析[J]. 当代教育科学,2020(1):93-96.

入全面发展教育体系,明确"五育并举"育人格局,才使劳动教育有一个正确的定位。❶

新时代劳动教育观将德育、智育、体育、美育、劳育五育结合,并作为整体性概念纳入党的教育方针之中,深刻揭示了劳育与德育、智育、体育、美育是相辅相成、互为一体的关系。新时代劳动教育要求将劳动教育作为整个教育体系的基础,渗入德智体美教育的全过程中。劳动涵育品德,劳动增进智能,劳动强健体魄,劳动孕育美好生活,劳动是全面提升人才素质的基本要求和重要保障,对实现人的全面发展具有重大意义。❷

三、以发挥综合育人功能为导向

劳动教育具有树德、增智、健体、育美的综合育人功能,新时代劳动教育必须发挥综合育人的价值。《意见》强调,劳动教育是学生成长的必修课,要充分发挥劳动教育的综合育人价值,促进人的全面发展。

劳动不仅是谋生的手段,还是锤炼品格、提升思维、创造精神财富的重要途径。过去,劳动教育主要发挥训练人的劳动技能、解决人的生存问题的功能。随着生产力的发展与新技术的更迭,劳动及劳动教育的价值与功能发生了深刻的变革,人们不断深化对劳动教育价值与功能的认识。

在以往的学校教育中,学校通常将生存能力作为劳动教育的主要内容,开展实施单纯的体力劳动与劳动技能训练,课程内容较单调,不仅如此,有些教师还忽视学生的劳动素养训练,不重视对学生劳动情感与劳动能力的培养。

劳动教育要破除功利性,走出误区,回归综合育人价值。《意见》高度重视劳动教育的综合育人价值,并指出"实施劳动教育重点是在系统的文化知识学习之外,有目的、有计划地组织学生参加日常生活劳动、生产劳动和服务性劳动,让学生动手实践、出力流汗,接受锻炼、磨炼意志,培养学生正确劳动价值观和良好劳动品质"。劳动教育作为促进学生全面发展的有效方式,将德育、

❶ 郝志军,王艺蓉. 70年来我国中小学劳动教育政策的反思与改进建议[J/OL]. (2020-05-11)[2021-06-19]. https://doi.org/10.16783/j.cnki.nwnus.

❷ 程德慧. 习近平新时代劳动教育观论析[J]. 职业技术教育,2019,40(6):20-24.

智育、体育、美育内容有机融合在一起,形成以劳树德、以劳增智、以劳强体、以劳育美的新局面。

四、以适应劳动新形态为特征

劳动形态随着时代变化而改变,新时代劳动教育应适应劳动新形态。《意见》指出,新时代劳动教育要"适应科技发展和产业变革,针对劳动新形态,注重新兴技术支撑和社会服务新变化。深化产教融合,改进劳动教育方式。强化诚实合法劳动意识,培养科学精神,提高创造性劳动能力"。新时代劳动教育顺应社会发展趋势,体现时代特征,是站在时代发展高度深刻理解和把握世界政治经济发展方向所作出的重要举措。

马克思指出,劳动是脑力劳动与体力劳动的统一。工业革命以前,人类劳动形态主要以体力劳动为主。进入工业社会,人类劳动形态不断发展,脑力劳动的比重不断增加。随着信息时代的到来,以互联网、人工智能为代表的新技术深刻影响着人们的生产、生活方式,劳动形式进一步演化,形成新形态的劳动。人类的劳动形态处于动态发展的过程中,且随着社会的不断变化而演进。当前,我国经济发展进入新时期,产业面临转型升级,劳动形态发生深刻变化,迫切需要一批热爱劳动、具有创造性劳动能力的高素质劳动者,为转换经济增长动力、促进经济结构优化升级提供有力支撑。

脑力劳动与体力劳动的深度融合是新时代劳动的重要特征。现代产业中的劳动者多使用智能化设备,作为技术的操纵者,不仅要具有技术的综合运用和问题解决能力,而且应具有"人"的灵活应对的创造力和丰富的情感,当今和未来产业都需要全面发展的"人"。❶劳动不仅是训练技能、锤炼体魄的过程,还是锻炼心智的过程,更是促进人全面发展的过程。新时代劳动教育不再片面强调"学农学工"的生产性劳动,而是要求加强生产性劳动、生活劳动、服务性劳动,丰富和完善了劳动教育的内容。新时代的劳动教育应创造条件让学生参加服务形态的劳动、创造性劳动等,形成当代劳动教育的新方向。❷

❶ 顾建军,毕文健.刍议新时代劳动教育课程的一体化设计[J].人民教育,2019(10):11-17.

❷ 檀传宝.劳动教育的概念理解——如何认识劳动教育概念的基本内涵与基本特征[J].中国教育学刊,2019(2):82-84.

五、以构建劳动教育课程体系为载体

课程是使学生身心全面发展的教育性经验体系,是学生全面发展的基础,也是推动劳动教育实施的重要载体。要落实《意见》提出的"整体优化学校课程设置,将劳动教育纳入中小学国家课程方案和职业院校、普通高等学校人才培养方案,形成具有综合性、实践性、开放性、针对性的劳动教育课程体系",同时要"把劳动教育纳入人才培养全过程,贯通大中小学各学段,贯穿家庭、学校、社会各方面,与德育、智育、体育、美育相融合,紧密结合经济社会发展变化和学生生活实际。结合产业新业态、劳动新形态,注重选择新型服务性劳动的内容"。因此,新时代劳动教育课程要注重系统性地引导学生参与生产劳动和服务性劳动,文明其精神,野蛮其体魄,锤炼其意志,提升劳动素养,树立正确的劳动观。

总体来看,新时代劳动教育课程体系具有综合性、实践性、开放性、针对性的特征。综合性体现在大中小学各学段,将劳动教育内容与德育、智育、体育、美育有机结合;实践性则表现为课程设计注重体力劳动、脑力劳动相结合,以体力劳动为主,促进身心发育;开放性则强调统筹家庭、学校、社会等各方力量,协调各行各业开展多种形式的劳动教育;针对性是依据学生特点、学段特征,进行大中小学劳动教育一体化设计。

小　　结

本章围绕新时代劳动教育"为什么、是什么、从哪里来、到哪里去"展开研究。第一节主要阐述新时代加强劳动教育"为什么"的问题,从理论源泉、政策要求、育人需要等五个层面,对新时代劳动教育的重大意义进行了梳理和总结;第二节主要聚焦新时代劳动教育"是什么"的问题,从文献梳理的角度,对劳动教育的有关研究进行了系统梳理,归纳研究进展,并对劳动教育新的研究方向提出了展望,提炼了新时代劳动教育的内涵,并指出了新时代劳动教育具有时代性、普遍性、价值性、实践性、创造性五个方面的特征;第三节主要梳理劳动教育"从哪里来"的问题,对劳动教育的历史发展脉络进行了系统梳理,劳动教育拥有深厚的历史根基,具有明显的时代性,不同时期的劳动教育内涵、特征与目标各有侧重,但都和当时的时代背景、政策出台有着密切的关系;第四节主要结合当前的政策,从五个方面梳理了新时代劳动教育"到哪里去"的问题。

总之,劳动教育源于马克思主义"教育与生产劳动相结合"的思想,是中国特色社会主义教育体系的重要组成部分。"五育并举"的提出,进一步巩固和加强了劳动教育在立德树人教育体系中的地位。当前,我国社会主要矛盾发生了变化,社会产业结构也发生了变化。在此背景下,如何树立新时代劳动价值观,构建劳动教育课程体系,充分发挥劳动教育的综合育人功能,成为新阶段劳动教育的重要命题。

第二章 国外中小学劳动教育的做法和启示

当今世界,各国越来越重视劳动教育,通过开展多种形式的劳动教育,提高学生的劳动技能和综合素质,我们必须以开放的视角积极探索。这就包括借鉴其他国家开展劳动教育的成功经验,以此推动和促进新时代我国劳动教育的发展。本章在对美国、加拿大、俄罗斯、德国、芬兰、日本、韩国和澳大利亚等国家劳动教育分析的基础上,提炼总结其特点和经验,进而提出对我国中小学劳动教育的启示。

第一节 国外中小学劳动教育的案例

劳动与教育的融合在许多国家得以实现,这不仅是教育与社会的互动,还是培养学生走向劳动生产、融入社会的内在要求。美国、加拿大、俄罗斯、德国、芬兰、日本、韩国和澳大利亚等国家做了许多有益的探索,下文重点介绍这些国家中小学劳动教育的概况。

一、美国:以实用主义为基础

(一)劳动教育概况

随着产业结构的变革,工农业生产在美国国民经济中的比重逐渐降低,但是劳动教育仍然是美国中小学基础教育的重要组成部分。

首先,从劳动教育的目的与内容来看,在学校教育中,目的是培养学生的劳动习惯、劳动态度和尊重劳动的精神,美国的劳动教育主要分为体力劳动、脑力劳动和手工劳动三类。[1]

其次,美国开展劳动教育具有明确的宗旨,核心为:(1)保持身心健康;

---

[1] 谷贤林.美国学校如何开展劳动教育[J].人民教育,2018(21):77-80.

（2）掌握学习的基本技能；（3）成为家庭的有效成员；（4）养成就业技能；（5）胜任公民职责；（6）善于利用闲暇时间；（7）具有道德品质。❶总的来说，通过课堂教学培养学生的知识与技能只是学校教育的一个维度，课堂之外的劳动教育实践则关注态度、习惯、品质、行为方式的培养，使学生在实践中养成良好的习惯。

最后，从劳动教育的途径与方式来看，美国借助家庭、社区、社会三维空间构建了一体化劳动教育模式。从三者扮演的不同角色来看，以"家庭"为依托进行的劳动教育，致力于培养孩子作为家庭成员应具备的劳动习惯、态度、品质与精神；以"社区"为中心开展的劳动教育，关注培养孩子与他人协同学习、工作的技能；以"社会"为辅助的教育模式则将劳动教育与生存教育打通。此外，以STEM❷教育为中心，依托互联网、信息化技术，建立美国中小学社会劳动教育课程培训体系。❸

（二）中小学劳动教育的特色

美国的中小学劳动教育具有明显的实用主义倾向。这一方面来自美国实用主义思潮的传统，另一方面也有现实社会需求的考量，发达的工业生产催生了较为健全的教育和劳动相结合模式。表现为三个特点：一是基于成为家庭有效成员的劳动教育；二是基于就业的劳动教育；三是基于公民培养的劳动教育。

1．基于成为家庭有效成员的劳动教育

家庭是儿童接受劳动教育的第一站。美国的中小学没有特别开设劳动教育课程，但设计了各种与劳动教育有关的活动。教科书上对学生各个年龄阶段应承担的家务有明确规定，可参见劳动课程k12之前的家务清单（表2-1）。为了培养儿童成为家庭的有效成员，他们需要承担部分家务。如小学生在家里需要收拾、整理个人物品，打扫房间，帮助父母修剪房屋前后的草坪等。从家庭教育的理念来讲，父母会将与家庭有关的事务交给孩子去处理，这不仅有

---

❶ 谷贤林.美国学校如何开展劳动教育[J].人民教育,2018（21）：77-80.

❷ STEM教育：指科学（Science），技术（Technology），工程（Engineering）和数学（Mathematics）四类学科，强调多学科的交叉融合。

❸ 李健.中小学劳动教育的国际视野[N].人民政协报,2020-04-08（6）.

利于培养儿童的独立自主意识,也有利于对家庭成员身份的认同。

表 2-1　美国劳动课程 k12 之前的家务清单[1]

年龄段	任务清单
2~4 岁	扔垃圾;拿取东西;挂衣服;使用马桶;洗手;刷牙;浇花;整理玩具;喂宠物;睡前铺床;饭后把盘、碗放到厨房水池里;把叠好的干净衣服放回衣柜;把脏衣服放到脏衣篮
4~6 岁	增加项:独立到信箱里取回信件;铺床;准备餐桌;饭后把脏的餐具放回厨房;把洗好烘干的衣服叠好放回衣柜(教给孩子如何正确叠不同的衣服);自己准备第二天要穿的衣服;收拾房间(会把乱放的东西捡起来并放回原处)
6~12 岁	增加项:打扫房间;做简单的饭;帮忙洗车;吸地擦地;清理洗手间、厕所;扫树叶,扫雪;会用洗衣机和烘干机;把垃圾搬到门口街上(有垃圾车来收)
13 岁以上	增加项:换灯泡;换吸尘器里的垃圾袋;擦玻璃(里外两面);清理冰箱;清理炉台和烤箱;做饭;列出要买的东西的清单;洗衣服(全过程,包括洗衣、烘干衣物、叠衣及放回衣柜);修理草坪

在学校教育中,教师也会根据生活需要安排各种劳动活动,以培养学生的劳动习惯与生活技能。具体来说,教师会鼓励学生寻找或把喝过的饮料瓶等可以回收的垃圾带到学校,完成即可奖励小礼物;在某个特定的日子,如残疾人日等,让学生到社会上募款,救助特定的人群;参加学校或社区的植树活动、志愿服务,进行各种手工制作。[2]综合中学开设一些劳动教育类的课程供学生选修,如家政、手工、烹饪、木工、园艺等。

2. 基于就业的劳动教育

21 世纪初,美国开展的职业生涯教育最终是为学生服务的,关注学生的个体发展,帮助学生更好地规划未来的职业。[3]其中,基于就业的劳动教育以生计教育为代表。生计教育具有综合性,强调教育"面向劳动世界""面向职业生

[1] 胡桃酱,等.劳动教育怎么做? 世界各国的劳动课程一起来[EB/OL].(2020-08-31)[2021-04-13].https://new.qq.com/omn/20200413/20200413A03KYY00.html.

[2] 谷贤林.美国学校如何开展劳动教育[J].人民教育,2018(21):77-80.

[3] 谢芹,赵小云.美国中学生职业生涯教育及对我国的启示[J].基础教育论坛,2015(8Z):38-40,53.

计",把劳动观念和劳动习惯引进普通学校课程中,并把知识同生产劳动和实践经验密切结合起来。生计教育主要要求从学校教育出发,发展职业教育。办学方法是向学生提供有关生计教育的各门学科,让学生有机会接触到更多的职业教育机会,保证每个学生可以学到一种或几种用于以后谋生的技能。❶具体来说,生计教育在小学1年级到中学12年级分为三个阶段。

第一阶段为1~6年级:这一阶段的劳动教育主旨在于"职业了解"。在这个阶段,主要通过单元教学与社会活动,使学生了解社会上的职业种类,培养儿童的职业意识。从培养层次来讲,具体又可分为低年级组、中年级组和高年级组。在低年级阶段,主要通过课堂教学的方式启发儿童对劳动的好奇心,培养正确的劳动态度,开阔视野。在中年级阶段,学生需要进一步熟悉周围的劳动环境,广泛了解不同层次的职业,并根据儿童的兴趣,引导他们选择职业。在高年级阶段,科目教学与职业挂钩,学校通过组织参观、游戏等活动,让学生进一步了解职业规划。

第二阶段为7~10年级:这一阶段的劳动教育主旨为"职业探索"。学生需要熟悉美国的15个职业分类及对应的23 000个社会职业。学生需要在7~8年级了解感兴趣的职业,9~10年级则对选定的职业进行深入研究,并通过增加访问、见习、实际操作的机会,积累实践经验,深化对职业的认识,为职业选择做准备。

第三阶段为10~12年级:这一阶段的劳动教育的主题为"职业选择"。学生需要选定一种职业并开展更为深入的学习、研究和实践。学校会提供三类课程:(1)掌握中学毕业后就业所需的各种知识、技能课程;(2)为升入大学做准备的文化课程;(3)为进入专业学院做准备的课程。值得注意的是,随着社会生产的发展,综合中学所提供的劳动课程也有所不同,主要体现为从传统的手工类、体力类课程向计算机维修技术、商业资料分析、计算机辅助绘画、设计等偏脑力劳动的课程转变。

从发展的角度来看,以生计教育为特色的劳动教育已经成为美国劳动教育的基础劳动教育与中小学课程教学的融合逐渐加深,并渗透到学校教育中。

❶ 美国生计教育发展的特点及启示[J].中国成人教育,2010(20):121-123.

生计教育与生产、生活直接关联,更容易与教育热点结合,合力促进教育改革。

3. 基于公民培养的劳动教育

以"志愿服务/社区服务"与"服务学习"为载体的劳动教育模式,是实现公民培养的重要途径之一。服务学习是一种教育形式,学生通过利用课程知识参与现实生活中所需的服务,从而促进知识和技能的学习,并培养良好的公民责任感。❶服务性学习的主要阶段有:计划、服务、反思、庆贺。❷计划阶段要求师生在了解社区需求的基础上结合课程内容,决定服务的主题,共同讨论并制订计划。服务阶段是指学生到社区进行服务工作,从事有意义、具有挑战性并与社区实际问题解决有关的服务。反思阶段是一个关键环节,要求学生和教师讨论并反思服务质量。庆贺阶段同样重要,针对5~9年级阶段的小学生,学校会设立"好公民"奖,联邦政府也设有公民成就奖励项目,用以嘉奖参与志愿服务的学生们,这是培养和形成学生的世界观与价值观的关键阶段。

此外,各个学校也会因地制宜地开展社区志愿服务活动,如为正处于康复期的社区成员提供服务、为残疾儿童制作圣诞卡、宣传禁烟等,学生以志愿服务的形式融入社会,变得更有同情心和责任感。通过社区参与,学生不仅学会了将课堂上所学的理论应用到实际问题解决中,还懂得了在学校里学到的理论知识对于环境和人类社会发展的影响,进一步强化了公民责任意识。❸总而言之,服务性学习秉承"做中学"的思想,在本质上是一种经验学习,通过学生在真实情境下对知识的融会贯通和应用,从而促进知识的转化和技能的提高。❹

---

❶ EYLER J S. GILES D E, STENSON C M, et al. At a glance: what we know about the effects of service-learning on college Students, Faculty, Institutions and Communities, 1993-2000[EB/OL]. 3rd ed. (2001-08-31) [2021-05-20]. https://www.mendeley.com/catalogue/2f27c35f-e704-3fc3-88fd-38bb0af7e4c4/.

❷ BERNACKI M L, JAEGER E. Exploring the impact of service-learning on moral development and moral orientation[J]. Michigan Journal of Community Service Learning, 2008(14):5-15.

❸ 崔随庆. 美国服务性学习:特征、原则及操作流程[J]. 外国教育研究,2008:16-21.

❹ 潘利若,姚梅林. 美国服务性学习对我国中小学综合实践活动课常态化实施的启示[J]. 教育科学,2011,27(2):85-89.

(三)美国中小学劳动教育评价

美国的劳动教育围绕生产劳动、个体发展、社会需求开展了一系列探索，建立并发展了较为完善的劳动教育体系。在实用主义的基础上，劳动教育更注重培养学生的劳动态度、习惯、技能。不仅致力于消除普通教育和职业教育之间的鸿沟，而且使整个教育面向劳动世界，以适应社会和实际生活的需要。❶

总的来说，美国劳动教育的特征主要体现为灵活性、实践性、持续性等。灵活性表现为，劳动教育的内容与方式因地制宜、因时制宜；实践性表现为，各种劳动教育都在实践中落实，践行"做中学"，而不是单纯的知识传授；持续性表现为，贯穿于家庭、学校、社区、社会的劳动教育旨在培养学生的习惯、品质与精神，而非一个阶段性的学习任务。美国的中小学劳动教育并未进一步探讨劳动与人的全面发展，这与我国坚持以马克思主义劳动思想为指导的劳动教育有本质区别。

二、加拿大：促进教育与生产相结合

(一)劳动教育概况

加拿大的劳动教育与社会生产联系紧密，在劳动教育开展过程中注重与职业教育、工业生产相结合。从历史发展来看，这一特点的形成由来已久。20世纪70年代，加拿大劳动力市场对学校教育中学术教育和非学术职业教育的分离反应强烈，经济压力和劳动力市场需求倒逼学校必须关心学生毕业以后的职业需要。❷20世纪90年代中期以后，加拿大政府进一步根据市场的变化与要求，调整劳动力培养与教育战略，强化私营部门在劳动教育培训方面的作用。进入21世纪，加拿大更加重视教育要面向未来发展和社会需求。2008年4月，加拿大教育部部长理事会通过了《学习型加拿大：2020》教育发展纲要，提及

---

❶ 美国社会的劳动教育[EB/OL].(2018-09-15)[2020-10-01]. https://baijiahao.baidu.com/s?id=1611626374796012953&wfr=spider&for=pc.

❷ 加拿大在劳动教育探索中发现——劳动教育应凸显劳动价值[EB/OL].(2019-12-20)[2021-05-19]. https://www.sohu.com/a/361672343_120201501.

2020 年要实现所有接受了良好教育的人共建充满活力的知识型经济社会,共同促进可持续性的社会进步,增加个人发展的机会。❶在这一背景下,考虑到学生面临的环境与职业挑战,以哥伦比亚省为例,其课程改革中特别完善了职业教育课程,注重以劳动体验的方式培养学生面向生产与未来的能力。当今时代科学技术迅猛发展,加拿大基础教育着力提升学生的职业竞争力,在教育改革中保持较高的教育水平,培养适应未来社会需求的人才。

(二)中小学劳动教育的特色

加拿大是联邦制国家,实行地方分权的教育管理体制。各省教育事务的领导与管理主要由省教育部负责,通过确定教育政策和教育目的、分配教育经费、制定课程指南和评估标准、实施全省统一考试等来监控本省教育质量和发展方向。❷综合加拿大教育实践中的劳动教育模式,下面主要介绍其中小学劳动教育的特点。

1. 开发课程,聚焦技术学习与运用

2015 年 8 月,加拿大不列颠哥伦比亚省启动了新一轮基础教育课程改革,并发布了《不列颠哥伦比亚省的课程改革介绍》,强调课程内容的设置与课程结构的安排注重学生的思考、学习和成长。改革后的课程安排中,应用设计、技能与科技课程位列中小学阶段课程内容的首位,主要依托劳动教育的形式开展。

应用设计、技能与科技课程强调在不同年级以分阶段的形式呈现。如在5 年级,利用其他课程内容开发游戏活动,从而启蒙低年级学生的设计能力、技能素养与科技意识。在6~9 年级,劳动教育课程包括四个主题,分别是:商业教育、家政学、信息与沟通技术、科技教育,培养学生的设计思维、基础技能和科技兴趣。❸在10~12 年级,劳动教育课程重点聚焦学生对专业技能的掌握,根据

---

❶ CMEC. Learn Canada 2020[EB/OL]. (2008-04-15)[2018-03-26]. http://www.cmec.ca/Press/2008/Pages.

❷ 康叶钦,李洁梅. 加拿大不列颠哥伦比亚省"个性化学习"基础教育改革评析[J]. 河北师范大学学报(教育科学版),2013(8):66-70.

❸ Curriculum overview[EB/OL]. (2018-01-26)[2018-03-31]. https://curriculum.gov.

学生在特定领域实践中的表现,让学生选择适合的专业课程,并增加其他相关课程,如厨艺、旅游、媒体艺术等,从而为学生步入下个阶段的高等教育或社会工作做准备。❶具体来说,家政学是为了适应生活基本需求,让学生习得烹饪、缝纫、纺织、洗衣等技能,并能够正确处理家庭成员之间的关系,学会照顾老人与儿童,构建和谐的家庭;科技教育包括家具制造、金属焊接、汽车生产、珠宝加工、电子产品开发、动力机械应用和机器人技术等,通过使用各种材料、工具与技术来改善人们的生活。❷同时,在课程的具体实施中,强调学生"动手做",并鼓励学生多思考、勤动手,在劳动中培养学生的知识与能力。

2. 重视社会多方参与,丰富劳动体验

加拿大的劳动教育强调在社会多方参与的过程中丰富学生的劳动体验,并由此实现更好的教育效果。如在安大略省进行的职业教育课程中,便融合了丰富的教育资源与平台。针对10年级学生开设了"发现职场"课程,学校提供实践平台,让学生了解职场中所需的基本技能和工作习惯。在教学实践中,学生将通过参与学校和社区举行的相关活动获得实际经验,通过对工作地点的参观,了解某项工作。❸维多利亚省的维多利亚中学在职业训练课程中注重劳动的途径,开设了汽车机械修理、汽车车身修理、金工、建筑木工、细木工等职业训练课程,学校还特别组建了相应的车间和场地供学生实训用,并配有专职教师负责指导。此外,安大略省的高中学校还开设了选修课程,并安排社会实践环节,丰富学生的劳动体验。主要酒店管理、旅游、美容美发、电子、舞蹈、设计、艺术等课程,学生根据实际情况自行选择课程,发现适合自己、符合自己需要的专业及方向,这也是多伦多省高中生职业生涯规划教育中十分重要的一环。❹

3. 提高劳动认知,强化职业准备

加拿大各省均设有专门的职业训练或职业教育课程,总的来说,劳动教育课程以劳动实践的形式,帮助学生建立良好的劳动认知,形成对劳动、工作的正确态度,从而为以后的生活做准备。如安大略省"职业生涯教育和指导"课

---

❶ 陈晓菲. 加拿大不列颠哥伦比亚省基础教育课程改革[J]. 外国教育研究,2019,46(11):44-59.

❷ What's new[EB/OL]. (2018-01-29)[2018-04-02]. https://curriculum.gov.bc.ca/.

❸ 张晓露. 加拿大:从小学到大学的职业生涯教育链[J]. 上海教育,2014(29):31-35.

❹ 同❷.

程的总体目标包括三个方面:学生个人发展、人际交往能力的培养、职业发展能力的培养。帮助学生建立终身学习的观念,培养学生的社会责任感,引导学生形成学以致用的习惯。不列颠哥伦比亚省的职业教育课程分为"自我意识""与他人合作""职业知识与意识""职业规划"四个部分,❶这四个部分贯穿于基础教育阶段。例如,5年级的学生,主要兴趣和潜力,认识自己在家庭、学校、社区中承担的角色和发挥的作用。6~9年级的学生,重在促使学生探索个人职业计划,根据其兴趣与潜能确定未来发展的目标。10~12年级的学生,通过劳动实践进一步确立个人职业生涯发展目标。学生在不同的教育、工作和个人生活环境中探索毕业后的可能性,并培养职业技能。❷可见,加拿大的职业教育与劳动环节密不可分,重视学生在精神层面的成长。不列颠哥伦比亚省的职业教育目标就是从小培养学生规划人生、有责任感。❸

(三)加拿大中小学劳动教育评价

我们从两个方面探讨加拿大中小学劳动教育的借鉴与启示。其一,鲜明的课程一体化建设。加拿大特别强调课程的一体化,表现为不同学科的贯通性与不同阶段的连续性。在技术教育与职业教育课程开展过程中,特别是在小学阶段,十分注重与其他学科的融合。因为技术教育常常涉及多门学科的知识。此外,各省也对技术教育与职业教育的课程设置进行了系统规划,从5年级至高中设置了层层深入的阶段化教学。其二,注重与社会生产相融合,突出职业培训。劳动教育的内容、场所、方式和培养模式等均与职业培训相关联,形成了劳动教育与职业教育联动的培养方式。如在不列颠哥伦比亚省课程改革中的职业教育板块,其拟解决的问题包括:如何认识自我、如何与他人合作、如何规划职业方向,职业教育课程主要帮助学生养成相关职业素养。职业教育中具有较为明确的目的,强化了与社会的联系,同时,关注学生劳动态度的培养。

---

❶ Applied design, skills, and technologies-goals and rationale[EB/OL].[2021-05-19]. https://curriculum. gov.bc.ca/curriculum/adst/goals-and-rationale.

❷ 刘瑶.加拿大B.C.省中小学职业生涯教育课程研究[D].山东:山东师范大学,2020:45.

❸ 陈晓菲.加拿大不列颠哥伦比亚省基础教育课程改革[J].外国教育研究,2019,46(11):44-59.

三、澳大利亚:面向实践和未来的劳动教育

(一)劳动教育概况

劳动教育是澳大利亚教育体系的重要组成部分,在课程体系上有明确规定。1989年,澳大利亚发布的《霍巴特宣言》中提出关于教育的十大目标,其中四条涉及加强劳动技术教育。如教育要反映国家当前经济和社会发展的需要,向学生传授能工作与生活的技能;向学生提供接受继续教育和培训的机会;培养学生处理信息和操作计算机的技能,了解科学技术在社会中的作用,掌握技术;提供适当的职业教育和关于劳动领域的知识,包括对劳动在社会中的性质及其地位的认识。❶澳大利亚于2012年颁布了新《澳大利亚技术课程框架》,强调劳动技术教育与其他学科的联系,旨在培养能够适应全球化浪潮、素养合格的公民。❷总的来说,澳大利亚的劳动技术教育在实践中不断发展,在培养学生的动手能力、劳动技能等方面取得了良好的效果。

(二)中小学劳动教育的特色

澳大利亚的劳动教育以系统课程为主,在实践过程中与技术培训相融合。主要包括扩展劳动技术课程的内容与功能、重视劳动体验与实践、培养专业的劳动教育师资三个方面。

1. 扩展劳动技术课程的内容与功能

澳大利亚的劳动教育课程内容十分丰富。各州开设的劳动教育课程虽各有区别,但基本都包括家政、手工与其他应用技术类课程。部分学校开设商业原理、农村簿记、速记、打字、普通商业研究、家政、木工、金工、技术制图、农工机械、畜牧业、农业等选修课。在高中阶段的劳动教育统一课程中,有农业、会计、秘书学基础、家庭经济、家庭管理、几何制图与透视等。校内课程中,劳动技术科目有高级打印和文书、商业教育、商业打印、办公室程序基础知识、经济学基础、消费者教育、手工、新闻媒介、办公室实践、秘书实践、高级技术工艺、

❶ 孙智昌.澳大利亚中小学的劳动技术教育[J].世界教育信息,2000(2):25-27.

❷ The shape of the Australian curriculum:technologies[EB/OL].(2014-05-01)[2020-01-10].http://www.acara.edu.au.

技术、职业和社会通信等。高中的劳动技术科目均有选修课,且都偏向于职业教育性质,但不是职业教育。❶

此外,除了课程内容的广泛挖掘,政府和教育行政部门还十分重视劳动技术资源的配备,保障了学校多种劳动教育课程的开展。每个学校都有一个图书馆,称之为资源中心,里面有大量的教师教学参考用书,同时为学生提供丰富多样的图书资料、信息资源等。❷

在劳动教育的课程功能方面,强调认知、技能与情感,由此实现对劳动教育课程功能的全面开发。如将初中农业课的教学目标分为认知目标、技能目标和情感目标三部分。在认知层面,强调让学生了解农业知识和农业科学技术的概况,培养解决问题的能力;在技能层面,引导学生初步掌握农业机械的操作、拆装和保养,对观察对象能进行准确的记录、描绘和制表,并能从事简单的设计工作;在情感层面,培养学生勇于探索的精神和实事求是的工作态度,塑造智、诚实、宽容、合作、坚毅和自信的性格。

2. 重视劳动体验与实践

澳大利亚的劳动技术教学主要在实践中进行。学校教授农业课时重视野外实习、设计作业、对照实验、观察和采集标本、参观农业机构、走访农业专家等活动。手工课教学中,教师更重视操作技能的培养,要求中初中学生必须学会使用锤子、刨子、凿子、木褪、丁字尺等工具。具体来说,学生设计与技术这门课程,通过设计与开发高质量的产品,让学生了解到市场的需求,研究现存问题的解决方法,分析数据与资料,评价观点,并在实验中运用工具、材料与技术去生产、处理设计产品,培养学生的创造力和创新能力。❸可以看出,一方面劳动教育的课程教学注重学生参与社会生产实践。另一方面,学校和教师主动开发实践性资源,并将其融入教学。如教师带领学生到社区的博物馆、工厂或者动物园去上课,并且可以把各行业的专业人员请到学校,讲解相关行业知识。例如,在博物馆学习,教师带领1年级的学生去博物馆了解土著技术,并给学生布置任务,每个人都有备忘录,根据要求有目的性地参观

---

❶ 孙智昌.澳大利亚中小学的劳动技术教育[J].世界教育信息,2000(2):25-27.

❷ 许新海.澳中教育与课程跨文化比较[M].福州:福建教育出版社,2006.

❸ 方勇.澳大利亚:职业倾向性课程的劳动教育[J].教育文摘,2019(4):54-55.

博物馆,学习本课程。❶

3. 培养专业的劳动教育师资

教师是教学实施效果的保障,教师素质是影响学生素质的关键因素。澳大利亚政府在劳动技术的师资教育方面给予了高度重视,在政策、资金等方面给予了很大支持。在政策方面,澳大利亚教育部部长皮特·加勒特提出:"嘉奖优秀的教师,促进他们的提升,激励更多的优秀人才加入到教师这个伟大的职业中来。"❷澳大利亚的劳动技术教师主要通过院校培养,除了学习通常的师范科目以外,还必须学习木工、金工和绘画等技术类课程。学校很重视教学设施的配备,一般会配备木工、金工、车工工场和装配车间,即便是条件差的学校也要配备一个综合工场。此外,在培养环节中,政府与高校十分注重培养教师的实践技能。一般来说,教师通常学习专业课三年后,进入教育学院学习一两年的劳动教育学知识,掌握课程开发的基本理论,入职后就有一定的课程开发经验。❸总之,澳大利亚注重培养教师的课程开发能力,并有针对性地指导教师挖掘本地区、本学校的技术课程资源,收集、整合相关资料,为技术课程开发做好准备。除此之外,澳大利亚相关公益组织提供的专业团队支持,为劳动技术课程顺利实施提供了保障,这些组织通过开展培训或项目资助等形式给予支持,促进技术课程在中小学的顺利实施。

(三)澳大利亚中小学劳动教育评价

总体来说,澳大利亚的劳动技术教育适应国家经济和社会发展的需要,在劳动教育的过程中最大限度地传授给学生工作与生活所需的技能,同时致力于培养学生处理信息技术和适应生活的能力。此外,师资体系的建设与完善为澳大利亚、高效、有质量地开展劳动教育奠定了坚实的基础。鉴于此,要促进新时代劳动教育的发展,就要加强发展劳动教育教师专业,注重课程理论、教育理论专业知识,提高劳动教育课程教师的素质。

---

❶ 孙智昌.澳大利亚中小学的劳动技术教育[J].世界教育信息,2000(2):25-27.

❷ 许新海.澳洲课程故事:一位中国著名校长的域外教育体验[M].福州:福建教育出版社,2006.16.

❸ 玄兆丹,索桂芳.澳大利亚技术教育的经验及其对我国的启示[J].河北师范大学学报(教育科学版),2015(3):66-70.

四、德国：基于数字世界的劳动教育

（一）劳动教育概况

劳动教育是德国教育体系的重要组成部分，秉承德国传统的教育思想，旨在促进学生各方面的和谐发展。早在1964年5月，德国教育委员会就对劳动教育进行了定义并影响至今，劳动教育旨在使学生对不同工作领域内的基础性实践活动有思想上的准备，并通过理性思考对自己是否适合从事该工作进行评估。❶

德国劳动教育历史悠久，随着工业革命的发展，其内容不断革新，反映了不同时期社会生活和工业生产的基本特征及对劳动者的要求。其劳动教育可划分为：以第一次工业革命为背景的劳动教育1.0时代；以第二次工业革命为依托的劳动教育2.0时代，以信息技术为载体的劳动教育3.0时代，以及受当前数字技术影响的劳动教育4.0时代。❷

与其他科目的教学不同，德国学校劳动教育在几个世纪的洗礼中一直承担着社会经济教化和普通教化的双重功能，目标定位于综合劳动能力的培养，旨在帮助个体解决社会劳动中的现实问题，并逐步确立了以劳动、经济和科技为核心领域的课程内容。❸从发展现状来看，在金融危机的背景下，德国联邦教育部于2012年资助并成立了由戴斯博士和卡格曼教授主持的"工业4.0工作小组"。同时，因为数字技术的发展及其对产业结构的改变，数字技术的运用能力和终身学习能力，成为劳动者适应不断变化的行业结构和社会生活的必备技能。在此背景下，德国文教部长联席会于2016年提出了"基于数字世界的教育"战略草案。基于该草案，数字技术成为当前德国中小学劳动教育改革和建设的重点，德国进入了由数字技术主导的劳动教育时代。❹

---

❶ DEDERING HERZ. Einfürung in das lernfeld arbeitslehre[M]. München：De Gruyter Oldenbourg，2000：4.

❷ 任平，贺阳. 连通学校与现代社会生活的桥梁——德国中小学劳动教育实施路径及启示[J]. 外国中小学教育，2019（8）：28-36.

❸ 任平，贺阳. 当代德国学校劳动教育课程构建的经验与启示[J]. 中国教育学刊，2020（8）：24-30.

❹ 任平，贺阳. 连通学校与现代社会生活的桥梁——德国中小学劳动教育实施路径及启示[J]. 外国中小学教育，2019（8）：28-36.

（二）中小学劳动教育的实践和特色

新时代发展背景下，为迎接全球化、工业化、信息化和数字化的挑战，德国对劳动教育的具体改革举措包括：积极拓展劳动教育课程内容；构建面向"数字世界"的劳动能力框架；设置主题整合不同的课程资源；创设校内外劳动教育实践基地；构建完善的师资保障体系等措施。

1. 积极拓展劳动教育课程内容

在新的社会形势下，为应对全球化、信息化和数字化带来的巨大挑战，德国中小学劳动教育课程兼顾了多个领域的知识与技能，将计算机知识、数字技术、职业实践、家政劳动等多方面内容纳入学校课程，涉及个人、家庭、社会、生活和工作等多个方面。以巴符州的中学课程设置来看，在中学阶段的劳动教育课程中特别开设了自然科学与技术课。课程内容也紧紧围绕四项能力培养的要求进行组织，分为系统与流程、能源与自动化、材料与产品、信息获取与加工四个部分。与技术课不同的是，自然科学与技术课不仅强调手工艺技术，还注重培养学生对信息的加工处理能力，与数字化教育紧密结合。❶

此外，在生活内容方面，德国巴符州对小学生的能力提出了以下要求：能根据选定的材料特性（如颜色、形状、纹理）对日常物品进行分类；能区分日常材料（如木材、金属、玻璃、塑料、纺织品）；能回收废料，对材料进行二次利用，学会在学校和家里进行垃圾分类；能从日常材料中建立不同的桥梁模型并描述其设计原则（如梁、拱门、吊桥）；能学会使用型材和三角形接头作为增加稳定性的手段；能掌握简单的手工操作，包括画图、沟通、构建、测试、优化和评价。❷最后，德国劳动教育的开展也关注学生价值观方面的培养，培养学生参与社会生活、解决社会问题的能力，了解社会生产的过程和方法，形成符合德国社会公认的核心价值观——"自由民主的基本秩序"。❸

---

❶ Naturwissenschaft and technik［EB/OL］.（2016-03-23）［2020-05-18］. http://www.bildungsplaene-bw. de/site/bildungsplan/get/documents/lsbw/export-pdf/depot-pdf/ALLG/BP2016BW_ALLG_SEK1_NWTPROFIL.pdf.

❷ 孙进，陈囡. 德国中小学的劳动教育课程：目标·内容·考评［J］. 比较教育研究，2020（7）：73-81.

❸Grundgesetz fürdie bundes republik deutschland［EB/OL］.（2019-05-28）［2020-02-10］. https://www.ge-setze-iminternet.de/gg/BJNR000010949.html.

2．探索并整合不同的课程资源

面对现代社会的复杂性,德国劳动教育课程的设计整合了多门学科知识。不同课程之间进行相互补充,以帮助学生全面认识并应对各类问题。

德国中小学劳动课程在规划的过程中试图通过设置不同的社会主题整合多种课程资源,从而促进学习各类知识与促进个体全方位和谐发展的统一,即综合培养学生的劳动知识、劳动技能和劳动态度,并在劳动课程与实践中实现学科知识与生活实践的融通。以巴符州文理中学劳动课程改革为例,2004 年,该州文理中学仅有地理、经济和综合政治课程,主要涉及地理、政治、法律、社会和经济等内容,课程旨在使学生对多元文化生活与全球化的社会劳动生产现状有所了解,从而对职业选择和生活计划进行反思❶。

在基础教育领域,以莱茵-普法尔茨州劳动课程计划中"媒体"这一主题为例(表 2-2),这一主题不仅出现在劳动课程计划中,而且与化学、音乐、德语和社会学课程紧密相关。"媒体"课程通过在不同学科中设置相关的主题,实现在整合各科课程资源的基础上建构大"媒体"的知识体系,从而实现不同学科知识的融合。

表 2-2　德国中小学劳动课程编制资源整合示例❷

"媒体"为主题的课程	
年级:7~8 年级	
教学目标:能够有技巧地运用媒体;学习理解和使用媒体;学习加工和组装媒体;学习选择和评估媒体;了解媒体的传播方式和影响;联系社会背景对媒体进行评价	
相关教学计划	
劳动学	体验媒体的功能与其局限性
化学	模拟化学反应:1.能够运用模拟软件;2.了解计算机模拟化学反应的可能性与局限性

❶ Allgemein bildendes gymnasium[EB/OL]. (2003－12－01)[2021－05－20]. https://www.goldberg-gymnasium.de/wp-content/uploads/Bildungsplan2004.pdf.

❷ 任平,贺阳. 连通学校与现代社会生活的桥梁——德国中小学劳动教育实施路径及启示[J]. 外国中小学教育,2019(8):28-36.

音乐	功能性音乐：广告中音乐的作用及其发生机制；不同文化的音乐，了解音乐文化间的相互影响，探讨媒体在音乐文化变化中的作用
德语	报纸杂志：报纸、青年报刊；听觉媒体：报告、广播剧、青少年节目、商业广告、电台节目等；视听媒体：电影、视频、广告短片、青少年节目等；电脑和新型通信技术：硬件和软件
社会学	处理人与多媒体的关系：1.我如何通过媒体获取信息(事实、新闻、观点)？2.我们获取信息的方式是否适当(信息类型、获取手段)？3.我们如何理智地对待新媒体？电子媒体和通信技术如何影响我们的生活(借鉴他人经验、个人经验)？4.媒体如何在民主社会中发挥其功能(媒体自由、媒体监督)

此外，除了对不同学科资源的开发，德国的劳动教育也注重实践类资源的挖掘，实现课堂与社会的融合，加深学生对社会生产与生活的理解。在德国，劳技教育涉及劳动、技术、经济、环境等领域，其教学场所不一定局限在课堂内，有时会与社会场所频繁互动，如工矿企业、商场、劳动局、职业信息介绍中心等。施教者或提供专业咨询者担任课教师外，还有来自教育行政部门、劳动局、商会、工会、各行各业的专家。学校通过"请进来，走出去"的方式，对不同教学内容采取各种组织方法，使社会上更多的人参与到教学活动之中。❶

3. 构建面向"数字世界"的劳动能力框架

为了使学生具有参与数字世界的能力，德国中小学劳动教育以实践为导向，以增加学生的科技发明、创新发明、信息技术知识为目的，基于"21世纪技能"着手构建面向"数字世界"的中小学劳动能力框架，涉及专业能力、方法论能力、沟通能力、判断和决策能力四个方面，并以行动力为各项能力的核心——在数字知识和个人能力的基础上通过思考做出判断或选择。专业能力是指恰当运用专业知识的能力，包括了解各类工作、生活和生产中数字产品的基本功能、应用范围、使用方法、优势及发展趋势等内容；方法论能力是指有针对性地制定和运用数字技术的能力，这不仅要求学生具备使用数字设备的能力和在数字化的环境中进行观察与反思的能力，还要求学生具备团队合作、项目管理

---

❶ 傅小芳，周俪. 德国基础教育中的劳动技术教育[J]. 比较教育研究，2005(2)：35-40.

等综合能力;沟通能力是指在数字技术和专业背景下进行交流、互动、反思、评价、理解及应对各种冲突的能力;判断和决策能力旨在培养学生从多个角度(历史、生态、经济等)对数字产品的使用进行反思的能力,要求学生有能力对具体的事件进行理性判断,并形成相应的价值观。❶

4. 创设校内外劳动教育实践基地

为了使学生有机会参与到生产劳动的过程,了解真实的生产劳动流程,德国在各类中小学校内和校外积极建设了一批特色鲜明的劳动教育基地。

在课程学习的基础上,德国中小学劳动教育还十分重视劳动实践,不仅可以帮助学生进行职业选择,还有助于树立学生的劳动观念。德国中小学劳动实践主要包含三种不同的形式:社会实践、企业实习和手工工厂实习。一些特别的实科学校十分注重与企业的合作,这些企业涵盖农业、啤酒业、机械工业、矿区产业等多个领域。这三种实践形式从社区、企业、工厂三个方面层层递进,为中小学生提供了全面体验和了解各行各业劳动特点的机会和渠道,为其做出恰当的职业选择奠定了良好的实践基础。德国文理中学也在每个学年至少为学生提供一次了解中小企业、公司、服务行业和高校的机会。这为学生提供了全面体验和了解各种职业特点的机会和渠道,也为其未来的职业选择提供了真实的体验。❷以卡尔罗斯环保纸制品商店为例,这一企业与学校的合作重在为学生提供真实的职业情境体验。在这里学生任职于销售部、广告部、财务部和采购部等部门,负责相关部门一切事务的运作。这样一种由学生自主进行商业运营的模式,可以使学生在实践的过程中有效提升交流、合作和策划等能力。❸

---

❶ Entwurfsfassung-curriculare vorgaben für die gymnasiale oberstufe:zusatzkurs kurs digitale welten[EB/OL].(2019-05-28)[2020-02-15].http://www.berlin.de/sen/bildung/unterricht/faecher-rahmenlehrplaene/rahmenlehrplaene/zusatzkurs_digitale_welten.pdf.

❷ 任平,贺阳.当代德国学校劳动教育课程构建的经验与启示[J].中国教育学刊,2020(8):24-30.

❸ 任平,贺阳.连通学校与现代社会生活的桥梁——德国中小学劳动教育实施路径及启示[J].外国中小学教育,2019(8):28-36.

5. 构建完善的师资保障体系

德国十分重视培养劳技教师的专业素养,并拥有一整套完善的师资培训体系。德国中小学一般都配备有专职的劳技教师,而其都需要接受高等师范教育(劳动教育方向),完成本科、硕士一体化课程后参加学校见习,并最终通过国家教师资格考试的认证,方可获得正式的任教资格。以柏林大学的劳动技术教师培养为例,学生通过劳技课专业教学法的学习,可胜任下列任务:劳动课、专业技能课的教学安排;劳动课信息与通信联络工艺的教学;劳动课中环境保护知识的教学;在工场及家务劳动的安排教学;劳动课学科的计划、执行及评估:劳动课特有的数学方法与分段;在车间、实验场所及校外学习点的教学与学习。❶

据德国劳动教育委员会的一项统计,德国目前约有35所高校开设有劳动师范专业或者相关的劳动教育学科。劳动师范教育一般本科学制为3学年,硕士为2学年,学生入学时除选择劳技课程作为主修课程外,还需要选择一门其他学科作为辅修。课程体系中不仅包括劳动科学、经济学、机械制造、电子信息技术等内容,还涉及生产安全、职业规划与咨询、家庭饮食与家政活动等拓展性跨学科知识,以便教师可以胜任未来学校教学的具体要求。❷

(三)德国中小学劳动教育评价

总的来看,在新时代背景下,德国在已有劳动教育课程实施经验的基础上通过拓展劳动教育课程内容,建构了面向现代化的劳动教育框架,丰富并充实课程内容、发掘多样的课程资源、创设校内外劳动教育实践基地并构建了完备的师资保障体系。其劳动教育体现出鲜明的时代性、实践性,有助于发挥劳动教育中的社会化功能。德国中小学劳动教育可以给我们如下启示:

首先,要明确新时代劳动教育的目标。德国学校的劳动课程不仅承担着对学生进行普通教化的功能,还发挥着社会教化功能,致力于培养学生的劳动能力和价值观,帮助学生为未来的社会劳动生活做准备。这样一种功能定位明确了劳动教育的课程地位,厘清了劳动课程与其他学科和课程相互补充的关

---

❶ 顾蓓莉. 柏林技术大学的劳技教育[J]. 江西科技师范学院学报,1994(2):69-71.

❷ 任平. 德国中小学如何实施劳动教育[J]. 人民教育,2020(11):71-74.

系。我国学校劳动教育的建设可以借鉴德国劳动课程的价值定位,将劳动教育与德智体美置于同等重要的地位,发挥劳动教育和其他四育的相互促进作用。

其次,在劳动教育课程的设计中,要注重与学生的经验相结合,同时也要将劳动教育的内容与其他学科相融合,在融合与创新的过程中渗透劳动教育。

再次,要开发劳动教育的多种形式,德国劳动教育课程实施的形式丰富,涵盖了多种校外实践形式,如社会实践、企业实习和手工工厂实习,丰富多样的实习经历为学生参与社会生活和工作奠定了良好的实践基础。对于我国的劳动教育课程而言,既可以在学校进行集体性的劳动学习,也可以在家和社会当中进行个体的劳动学习。鉴于此,我国劳动教育应为学生提供多种参与社会实践的机会,即增加实践课的比例,以拉近劳动课程与现实社会生活和工作的距离,从而使学生在实践中获得参与21世纪社会生活和工作所需的能力。❶

最后,要拓宽劳动教育的培育路径,也即是拓宽劳动教育场所的广度,在发挥学校在劳动教育中的主导作用的同时,重视家庭和社会在劳动教育中的辅助作用,努力形成"家庭—学校—社会"三位一体的劳动教育结构,最大限度地发挥三者的育人功用。❷

五、俄罗斯:以《工艺学》为核心的劳动教育体系

(一)劳动教育概况

俄罗斯的劳动教育模式独具特色,不仅在政策方面构建了完善而系统的规范与标准,而且在实践方面形成了完备的培养模式与课程体系。从政策方面来看,近年来俄罗斯发布了一系列相关文件对劳动教育的实施加以明确。2009年、2010年,俄罗斯教育科学部先后颁布了《初等教育国家教育标准》《普通教育国家教育标准》,以总纲形式规范了俄罗斯劳动技术课程。此后又颁布了《普通基础教育技术课程教学计划:1~4年级》《普通基础教育技术课程教学

---

❶ 任平,贺阳.连通学校与现代社会生活的桥梁——德国中小学劳动教育实施路径及启示[J].外国中小学教育,2019(8):28-36.

❷ 张欣鑫.中德中小学劳动教育比较及经验启示[J].教育科学论坛,2020(20):18-21.

计划:5~9年级》《中学(完全)普通基础教育国家教育标准》,为俄罗斯中小学劳动技术课程提供了明确的实施细则。

从课程设计与规划来看,技术的文化特征和信息技术与学科的整合是重点。俄罗斯在开展劳动教育的过程中,注重技术课程的开放性,强化技术课程与现实社会和职业世界的联系,重视学生的创造性培养和个性化发展,并以之为重要的价值取向和课程设计理念。新技术课程标准还将技术课程实施的物质保障和实验室建设列为标准内容,为新一轮技术课程的实施提供了更具有操作性的基础。❶

(二)中小学劳动教育的实践与课程特色

俄罗斯中小学技术课程经历了较长时间的改革,基本形成了以《工艺学》为核心的较为完整的各学段劳动技术教育体系。《工艺学》课程旨在使学生在各种社会领域工作中获得利用现代技术设备的基本技能、掌握现代工艺、了解职业世界,进行职业自决和定位,保证学生从普通教育向中等职业教育、高等教育及工作实践过渡的连续性。❷

《工艺学》课程共分为1至11年级不同层次的课程。2012年,《俄罗斯教育机构实施普通教育大纲的联邦基准教学计划和示范教学计划》(以下简称《联邦教学计划》)对各年段《工艺学》课程做出了规定:1~8年级为必修部分;9年级为可变部分,由地方教育机构自行组织;10~11年级则可从信息工艺学、农业工艺学、工业工艺学(电子学/无线电电子工程方向)中进行选择(表2-3)。

---

❶ 顾建军,董秀敏.俄罗斯20年来中小学技术课程改革历程与思考[J].比较教育研究,2016,38(5):82-89.

❷ 宋丽荣,姜君.俄罗斯劳动教育课程改革——《工艺学》的改革举措及特点[J].基础教育课程,2020(5):74-80.

表2-3　俄罗斯教育机构普通学校《工艺学》课程学时数一览表●

年级	一	二	三	四	五	六	七	八	九	十	十一
联邦基准(必修)部分											
年课时	–	34	68	68	70	70	70	35	–	–	–
周课时	–	1	2	2	2	2	2	1	–	–	–
国家(区域)示范部分											
年课时	33	34	68	68	70	70	70	70	35	–	–
周课时	1	1	2	2	2	2	2	2	1	–	–

根据《联邦教学计划》必修部分的内容要求,1～4年级学习的主要内容为造型、缝饰、缝制、刺绣、纸塑、黏土塑造、编织、粗线工艺品编制艺术、工艺美术原理等。从5年级开始,男生学习木工、金属切割、机床工作等机械类劳动,而女生则学习烹饪、裁剪和缝纫、针织等家政类劳动。7～9年级时,学校按照自己的劳动教育课程体系培养学生。10～11年级主要侧重专业教学科目和选修基本层级的科目,旨在培养学生的职业自决权,发展所选择的技术培训方向的技术原理和专门工艺知识。总的来说,俄罗斯中小学劳动教育特点可以概括为如下几个方面。

1. 加强顶层设计,保障学校自主空间

俄罗斯以教育立法的形式明确联邦、国家-区域、教育机构三个宏观层面主体的责任,保证各主体之间明确分工、紧密衔接。在实施层面,俄罗斯注重教育课程统一性与管理自主性相结合。在课程统一性方面,政府明确规定了课程中不可变更的部分:基础教育机构必须完成的强制性课程内容,这包括技术课程在1~11年级的科目开设、主题确定、所必须达到的教学时间及所应达成的课程目标等。●而在管理的民主性层面,体现为国家只提供一套示范性教学

● Обутверждении федеральногобазисного учебного плана ипримерных учебных планов дляобразовательных учрежденийР оссийск ойФедера ции , релизу ющихпрогра ммыобщего образования [EB/OL].(2015-04-02)[2019-03-20].https://esosh.ru/files/doc/prikaz1312.pdf.

● 顾建军,董秀敏.俄罗斯20年来中小学技术课程改革历程与思考[J].比较教育研究,2016,38(5):82-89.

计划、大纲、教材和教参给学校做参考，这些材料保障了俄罗斯教育的基本水准，而且又不影响教师的创造性劳动。在2012年新修订的《联邦教学计划》中规定，教育机构可自行决定部分课时安排是否用来讲授整合性科目《造型艺术与美工劳动》(每周2课时)。《工艺学》在9年级的课时交给教育机构安排，以便组织学生进行侧重性专业教学之前的准备性训练。❶

2.注重教师队伍的培养，大力提升师资水平

俄罗斯的地方教育行政部门注重培养一支能够承担地方性课程开发的师资队伍。1995年，俄罗斯科学教育部提出在高等学校设立技术与管理专业，培养技术教育专业教师及符合其他行业要求的技术管理方面的人才，学制为5年，目前在俄罗斯已经有60多所大学设置了该专业，用以培养中小学技术教师。❷同时，在专业发展方面，政府会为教师的智能教学提供帮助与支持，努力帮助教师在观念、态度、素养、能力等方面做好准备，迎接智能教育时代的到来。❸

3.融合信息技术与社区资源，推动教育资源现代化、社会化

信息化时代背景下，俄罗斯的劳动教育中信息化技术运用逐渐增多，表现为利用数字化教育，整合各种教育资源，实现《工艺学》课程的优质化。2001年，《2010年前俄罗斯教育现代化构想》法案明确提出了要大力发展信息化教育与中小学技术教育，希望以此来推进俄罗斯教育的现代化，并进一步提高教育质量。随后，俄罗斯又提出2002—2006年《国家技术基础》项目计划，把中小学校技术课程列入国家技术创新体系的战略组成部分，努力倡导培养青少年的技术创造性，提高全民族的技术素养，并通过加强技术课程改革与发展来培养中小学生。❹根据俄罗斯教育部2014年12月8日第1559号命令，从2015年

---

❶ 宋丽荣，姜君.俄罗斯劳动教育课程改革——《工艺学》的改革举措及特点[J].基础教育课程，2020(5)：74-80.

❷ ХОТУНЦЕВ Ю. Л. Путисовершенствования концепциии программы образовательнойобласти Технология[J]. Педагогика，2008，No 1，с. 57-62.

❸ 宋丽荣，姜君.俄罗斯劳动教育课程改革——《工艺学》的改革举措及特点[J].基础教育课程，2020(5)：74-80.

❹ 顾建军，董秀敏.俄罗斯20年来中小学技术课程改革历程与思考[J].比较教育研究，2016，38(5)：82-89.

起俄罗斯所有学校教科书必须有电子版,这已成为列入联邦教科书清单的强制性条件。❶并规定电子教科书内容必须与印刷版本相对应,并以多媒体和互动元素作为补充。

此外,在劳动教育的开展中,俄罗斯也注重开发社区教育资源。在课程设计中,让学生参与有意义的社会职业实践,并考虑到区域经济的需求,广泛利用家庭、社会资源,实现"学校—家庭—社会"资源的有效整合和利用。例如,彼得罗扎沃茨克三十九学校的学生可以在课外活动中获得理论知识,首先在中等专科学校和中等技术学校获得烹饪、道路维修、建筑、机械、焊工和其他职业模块的专业技能,然后参观那些可以运用这些技能的企业,熟悉潜在的工作场所。❷

(三)俄罗斯中小学劳动教育评价

总的来说,俄罗斯以"工艺学"为代表的劳动技术教育具有体系化、个性化的特征,为我国中小学劳动教育的发展带来了一些启示与思考。

首先,课程管理制度化与课程设计系统化。在宏观上,俄罗斯构建了"国家-区域-学校"的课程管理模式;在微观上,构建了"学校-教师-学生"的主体管理模式;在课程模式上构建了"课上课下-校里校外-综合实践"模式。❸在教育行政与管理的过程中,实现了政策、规定的统一性与连续性。此外,俄罗斯的"工艺学"课程的系统化特征也十分值得借鉴。从纵向来看,实现小学、初中、高中课程体系相互衔接,从横向来看,强调信息技术、造型艺术、物理、化学等不同学科内容的融合。俄罗斯对技术教育基础的始终保持重视,并坚持以独立的课程形态、必修的教学课时加以开展,同时立足于1~11年级技术课程的整体性和协同性,根据不同学段学生的不同特点进行一以贯之的、相互衔接的

❶ 宋丽荣,姜君. 俄罗斯劳动教育课程改革——《工艺学》的改革举措及特点[J]. 基础教育课程,2020(5):74-80.

❷ Новые уроки труда потребуютоснащения школ и переобученияучителей[EB/OL]. (2017-11-15)[2021-05-20]. https://news. rambler. ru/education/38424366/?utm_content=rnews&utm_medium=read_more & utm_source=copylinkh.

❸ 同❶.

螺旋式上升课程体系设计。总之,俄罗斯技术课程改革中1~11年级技术课程的要素关联和上下衔接的体系化设计是富有借鉴意义的。

其次,课程内容综合化与人才培养个性化。俄罗斯基准教学计划在课程教学要求方面注重特殊与一般的结合,"工艺学"课程教学计划既注重不变的、必修的统一性基础,同时辅之以区域性课程及校本课程,实行多样化、多层次性、多元化的课程体系。在课程的落地实施中,能够做到尊重不同地区、群体与个人的差异、特色,留给学生学习的自主权和选择权,使青少年的个性得到全面而自由的发展。在课程内容综合化方面,联邦政府充分考虑社会需要及不同年龄段学生特点,鼓励学校对课程内容进行调整,促进创意设计、项目探究、实践实验、智力创新、公益活动等多种课程实施形式,使普通教育、劳动教学和独立活动相互联系。让学生在现实情境中体验和理解知识,获得积极的情感体验及实践能力,促进学生的整体发展。❶

六、芬兰:以"横贯能力"培养为核心的劳动教育体系

(一)劳动教育概况

芬兰有着尊重劳动的传统。早在1866年,手工课便开始成为中小学必修课程,深刻影响着北欧地区的劳动教育发展。芬兰不仅明确设置一些劳动教育相关课程,也会在其他一些课程中内含劳动教育的理念。❷其中,专门进行劳动教育的课程以劳技课为代表,而包含劳动教育的课程则依托教师的设计理念融入平时的课程教学中。

芬兰的劳动教育具有全面而深刻的教育理念指引。从教育目标来看,芬兰设置劳动教育课程,初衷是为了培养学生的生存技能,使其能够更好地生活,同时进行潜移默化的劳动教育。❸从宏观教育理念而言,作为整体课程的指引"横贯能力",也深刻影响着芬兰劳动教育课程的开展。横贯能力与我国近年

---

❶ 宋丽荣,姜君.俄罗斯劳动教育课程改革——《工艺学》的改革举措及特点[J].基础教育课程,2020(5):74-80.

❷ 张永军.芬兰和美国的劳动教育[J].教育文摘,2019(1):106-107.

❸ 同❷.

来提出的核心素养类似,是在面向21世纪新的经济、社会、科技、文化等挑战的背景下提出,旨在培养适应未来挑战的公民,培养学生适应可持续生活方式的能力。❶具体来讲,横贯能力包括:(1)思考与学习的能力;(2)文化意识、互动与表达能力;(3)自我照顾、日常生活管理与保护自身安全的能力;(4)多元识读;(5)信息素养;(6)职业与创业素养;(7)参与、影响并为可持续未来负责的能力。❷区别于课程目标的知识与能力,横贯能力更倾向指代综合素质的范畴,是知识、能力、态度、价值观等在具体情境中的体现。这些目标的实现与劳动教育密切相关,部分能力的培养主要依赖于劳动教育的途径,如"自我照顾、日常生活管理与保护自身安全的能力"和"职业与创业素养";相应地也对劳动教育开展提出更高的要求。

(二)中小学劳动教育课程设置及实践

芬兰开展劳动教育较早,其劳动教育的传统色彩较为浓厚,形成了较为独特的模式,并积累了丰富的实践经验。从教育形式上来看,主要包括手工课、家政课与综合课程三种类型。

1. 手工课

手工课是芬兰义务教育阶段的必修课程,国家规定的不同学段该类课程需安排的最少课时标准如下:1~2年级为平均每周2小时,3~6年级平均每周1.25小时,7~9年级每周2/3小时(40分钟)。❸目前,芬兰手工课可以分为两个类别,一类"轻手工"课程,包括针织、缝纫、布艺等;另一类为"重手工"课程,包括木工、金属技工、电子等在内的使用机械设备的手工劳动。这类课程一般在学生小学3年级开设,学生会在教师的指导下学习使用相关器具,并进行简单的木工制作。例如,3年级学生会自己设计制作木船模型,5年级学生则能够制作木钟。❹低年段学生往往需要同时学习轻手工与重手工课程,而在7年级后,多数

---

❶ 看芬兰的劳动教育[EB/OL]. (2019-01-28)[2021-05-20]. https://www.sohu.com/a/291968971_727759.

❷ 滕珺,王岩. 创新性与传统相结合的芬兰劳动教育[EB/OL]. (2019-01-10)[2021-05-20]. http://www.cssn.cn/zx/201901/t20190110_4809076_2.shtml?COLLCC=2191147649&.

❸ 同❷.

❹ 芬兰:关注生存教育,培养劳动精神[J]. 温州科技职业学院学报,2019,11(1):73-73.

学校的学生可以自由选择两大门类中的任意一门,也可以两门均学习。从课程设计理念来看,它更注重培养学生的综合素质。其教学目标可以概括为三个方面:学会选择并使用符合制作目标的工具与材料;能够设计兼具功能性、审美价值的(手工)产品,在设计过程中能熟练使用不同视觉呈现技术和存档技能(如素描和制作模型);学会制作兼具美感和使用价值的(手工)产品,掌握最基本的制作方法和技术(工艺)。❶

总之,手工课程以横贯能力的培养为指引,兼顾学生的动手能力与全局统筹、设计的能力。在课程教育中既关注学生理性的发展,更兼顾审美和伦理的培养;既关注学生对本国文化的认同,也注重学生对其他国家文化传统的尊重和理解;既重视作品的产出结果,更关注学生在作品制作过程中的成长、情感体验,以及态度和价值观的发展。

2. 家政课

根据规定,家政课是芬兰7~9年级学生的必修课程,每周至少1小时。在实践层面,在学前阶段儿童便已经要学习穿衣服、洗碗、整理玩具、制作小点心等基本生活技能。在课程目标以培养学生基本生活技能为基本要求,但并非仅仅是培养生活技能。该课程以促进学生在日常生活的知识、能力、态度等方面发展为基础,旨在让学生学会可持续性地生活,保证身心健康;以促进学生动手能力为最基本目标,更关注培养学生创造能力和可持续发展的决策与行动能力的发展。❷

家政课的主要内容可以分为三个主题:食品相关知识、技能和饮食文化;生活起居和与他人共同生活;家庭消费和理财能力。在食品学习层面,具体来讲,学生要学习食材准备和制作技能,更深层次上,学生要学会从营养学、经济与伦理角度等多个视角选择食品和培养饮食习惯。在生活起居方面,学生要学习生活起居相关的基本知识,掌握基本能力,并兼具对环境和经济等方面的

---

❶ SYRJÄLÄINEN E, SEITAMAA-HAKKARAINEN P. The quality of design in 9th grade pupils' design-and-make assignments in craft education[J]. Design and Technology Education: An International Journal, 2014, 19(2):1360-1431.

❷ 滕珺,王岩. 创新性与传统相结合的芬兰劳动教育[EB/OL]. (2019-01-10)[2021-05-20]. http://www.cssn.cn/zx/201901/t20190110_4809076_2.shtml?COLLCC=2191147649&.

关怀。在家庭消费与理财方面,学生要了解消费者的权利和义务,通过实践学习负责地选择与决定,掌握获取最新信息的方法。学生须了解金钱与家庭生活的关系等。总的来说,该课程保证学生掌握常用生活技能的基础上,致力于让学生成长为有经济意识的消费者,会照顾他人、积极参与家庭生活和社会生活的个体,旨在培养学生工作的责任感和不怕困难、勇于克服困难的精神,培养学生的合作能力、批判性地甄别与管理信息的能力。❶

3. 综合课程

根据芬兰新课程标准的要求,每所学校须每学年保证开设一门综合课程(跨学科项目课程),并要求每周一课时。总体而言,由于该类课程要求贴近实践、贴近社会,以问题或现象为导向,反映出劳动教育的特点。在具体的落实层面,有些学校将该类课程与手工课结合,以学生完成某一作品为结果导向,学生在完成作品的过程中学习并应用多种横贯能力。例如,课程设定目标为指导学生用3D打印技术制作某一作品。教师帮助并指导学生完善设计,学生推进并完善设计工作,最终调整并完成目标作品。此外,在培养综合素质的指引下,各学校积极推动手工课程与其他课程的融合。根据芬兰新国家课程标准,每个教学目标都要为一定的综合素养培育服务,与其形成紧密关联。通过深度融合,最终以1~2年级的手工学科为例,呈现部分学科教学目标和综合素养培育之间的关联。❷

(三)芬兰中小学劳动教育评价

随着社会环境与需求的变化,芬兰劳动教育课不断进步发展,尤其2014年芬兰新课程改革以来,既注重传统手工艺的传承,又关注创新性劳动与传统的结合,更关心通过该学科教学发展学生核心素养如创新能力等高阶能力,达到培养"完整的人"的终极目的。总的来说,其他方面值得我国借鉴。

首先,明确而有深度的教育理念指引。与横贯能力所侧重的素质培养相

---

❶ 创新性与传统相结合的芬兰劳动教育[EB/OL]. (2019-01-10)[2020-01-15]. http://www.cssn.cn/zx/201901/t20190110_4809076_2.shtml?COLLCC=2191147649&.

❷ 康建朝.芬兰新课程教学改革保障:学生综合素养培育的措施与启示[J].教学管理与教育研究,2018,3(5):118-121.

关,芬兰的《基础教育法》规定了基础教育的根本目的和功能——培养"完整的人"。❶具体来讲,在"完整的人"理念下的芬兰1~9年级劳动教育课的目标表述为:劳动教育课旨在由教师引导下学生能够通过独立或与他人合作的方式进行完整的(手工)产品制作过程,关注学生能否了解不同材料的特性及其使用,能否通过(手工)制品达到表达的目的,重视学生在设计、制作技术或技巧中知识与能力的发展。❷

其次,多途径扩展劳动教育的具体样式。当代芬兰劳技课具有多样化、多形式的样态,广泛地存在于学校教学之中。但是其劳动教育并非一个没有学科依托的活动课,从根本上来说芬兰的劳动教育以"手工科学"为依托而逐步发展成为的一种跨学科的课程、教学领域。诚然其学科结构不如传统学科稳固,但由于有学科基础理论为依托,劳技课在课程内容设计上便有"章法"可循。❸

最后,以综合化的方式开展劳动教育。芬兰的劳动教育融合了多种目标与功能,既关注学生认知能力的发展,也帮助学生学习参与社会生活的相关技能;既学习芬兰的传统和文化,也促进社会和个人的成长。❹

七、日本:融入日常生活的劳动教育

(一)劳动教育概况

劳动教育是日本教育体系中重要的组成部分。第二次世界大战后,日本把

---

❶ WANG Y , JARI L , KIRSI T. Aims for learning 21st century competencies in national primary science curricula in China and Finland [J]. Eurasia Journal of Mathematics Science & Technology Education, 2018, 14 (6):2081–2095.

❷ DUDLEY B. Finnish lessons 2.0: what can the world learn from educational change in finland?[J]. The Education Digest , 2015 , 80(9):51.

❸ SYRJÄLÄINEN E, SEITAMAA–HAKKARAINEN P. The quality of design in 9th grade pupils' design–and–make assignments in craft education [J]. Design and Technology Education: An International Journal, 2014, 19(2):1360–1431.

❹ 滕珺,王岩. 创新性与传统相结合的芬兰劳动教育[EB/OL]. (2019–01–10)[2021–05–20]. http:// news.gmw.cn/2019–01/10/content_32327271.htm.

培养中小学生的劳动观、基本生存能力纳入教育总方针，并以立法的形式将培养目标固化下来。随着社会不断发展，这一理念逐渐巩固。1947年颁布的《教育基本法》第一条"教育的目的"即包含"注重劳动与责任"；2006年修订的《教育基本法》第二条"教育的目的"表述为"关注职业和生活的关系，培养重视劳动的态度"。可见日本对劳动教育的重视，并且对其认识不断深化，更加侧重学生在劳动教育中的精神与态度养成。

在法律的指引下，日本的《学校教育法》对劳动教育做了更细化的规定——义务教育要实现的目标之一就是"培养关于职业的基础知识与技能、尊重劳动的态度和适应个性选择未来出路的能力"；高中教育的目标之一是在发展、扩大义务教育的成果的基础上，"使学生基于对在社会上必须履行使命的自觉，适应个性，决定未来的出路，提高普通教养，掌握专门的知识、技术和技能"。❶日本对劳动教育十分重视，在各个阶段的教育规划中，劳动教育一脉相承又延伸发展。概括来讲，小学阶段侧重培养劳动观和劳动愿望；中学阶段重视实际的、体验性的探索活动，以培养创造力和相关技能，为学生走入社会做准备；高中阶段则着重通过有关劳动的体验性学习，使学生体会到完成工作任务的喜悦，养成正确的职业观。

（二）中小学劳动教育的特色及实践

日本的劳动教育体系较为完备，并且形式多样。其特色体现在阶段特征鲜明的劳动教育形式、独特的劳动教育课程与劳动教育过程中教师的全方位指导等方面。

1. 阶段特征鲜明的劳动教育形式

从具体的教育阶段上看，日本劳动教育在小学、初中、高中、职业教育、高等教育阶段的课程方案中都有不同的开展路径，下面主要对中小学的劳动教育形式进行介绍。

小学阶段以劳动意识培养为主。小学阶段的劳动教育以家政课为主要形式，2008年出台的《学习指导要领》中规定小学家政课的目标是："通过衣食住等相关的实践、体验性活动，教会学生日常生活中必要的基础知识和技能，同

---

❶ 罗朝猛. 劳动教育，日本"全人教育"的重要一翼[N]. 中国教育报，2019-05-03（6）.

时加深对家庭生活的理解,培养努力过好生活以及实践的态度。"小学1~2年级的道德课帮助学生了解劳动并培养劳动兴趣;3~4年级要求学生意识到劳动的重要性并愿意参与劳动;[1]5~6年级则在劳动实践中让学生体悟充实感和(劳动的)意义,具体形式包括:尝试饲养动物和种植一些植物,学习育秧、插秧、割稻,期间还有田间管理和防治病虫害等,还会教学生种植日常食用的蔬菜。[2]

初中阶段以劳动技术学习为主。初中阶段的劳动教育强调专业性,注重培养专业技能。《学习指导要领》对"技术·家庭"课程的目标做出明确规定:通过实践体验性的制作类学习活动,加深理解家庭的技能,培养使生活越过越好的能力和态度,侧重于技术和家庭的基本知识技能,技术、家庭与社会、生活的关系及正确对待技术和家庭的态度。2017年修订的《学习指导要领》目标则强调面向生活的技术能力品质,更关注自我认知和科学的认识,在此基础上培养解决生活问题的能力和技术思维。

高中阶段注重以劳动教育联通社会。高中劳动教育的关注重点为学生与社会关系的构建,即通过劳动教育的形式促进学生融入社会、了解劳动的社会意义。具体来说,日本高中设立家庭技术、家庭综合、生活技术三门选修课,其中家政课的目的在于引导学生习得与家庭生活有关的产业方面的基础知识和技术,理解生活产业的社会性意义和作用,合理地解决生活产业中的各种问题。中学生要在与他人的互助共生中,培养为社会做贡献的意识,[3]此阶段致力于学生在劳动中能够自己组织劳动经验、体悟劳动过程、完成劳动任务、养成劳动习惯、完善劳动人格等。[4]总体来看,日本已形成小学、初中、高中贯通一致的劳动教育。

2. 独特的劳动教育课程

在中小学阶段,日本的劳动教育开展依托于具体的课程,其中家政课、午餐教育与田地教育具有一定特色。

---

[1] 王文静."三驾马车"拉动日本劳动教育[J].上海教育,2020(8):17-20.

[2] 日本劳动教育:中小学农艺、园艺、家政教育[EB/OL].(2019-01-07)[2021-05-20].https://www.sohu.com/a/287179276_372526.

[3] 王文静."三驾马车"拉动日本劳动教育[J].上海教育,2020(8):17-20.

[4] 杨秋月.劳动教育 日本学生成长必修课[N].中国教育报,2020-09-04(5).

家政课:小学的"家庭课"课程目标是学习经营生活的思考方法,学会提高生活质量的各种知识,并掌握相关能力。在初中阶段目标提升为:增进对家人和家庭功能的理解,获得消费、环境改造相关的技能;发现家人、家庭及地区之间生活中的问题,并思考解决方案,培养解决未来生活问题的能力。高中阶段家政课的课程目标为:综合把握人类生涯发展和生活经营的相关内容,获得生活必需的知识和技术,培养男女合作自主地创造美好家庭和社区生活及实践的态度。[1]在内容方面,以小学为例,具体内容包括烹饪基础、衣服整洁、房间舒适等。在烹饪课程方面,教育过程致力于培养孩子对于烹饪的兴趣,引导学生制定烹饪计划,清洗烹饪材料、切菜方法、调味方法、盛放方法、餐后收拾方法等,同时掌握基本的煮、炒等烹饪技巧。衣服整洁方面的课程要求学生洗衣服,缝扣子,用针线缝制布袋、抹布、垫子,这些活动并非仅仅关注生活技能的掌握,同时锻炼孩子的手、脑、眼动作协调能力。房间舒适指的是学校要指导学生对房间进行大扫除,而在这一过程中学生要自己完成校园的打扫工作。

午餐教育:在中小学阶段,部分学校的午餐由学生自己轮流分配。午餐开始前,值日生需要将餐品从厨房运送到教室,此后盛饭、发放、餐后整理等工作全部由学生自己完成。吃完午餐后,值班学生要将餐具整理好,同时其他学生还需要进行20分钟的大扫除。从设计理念来看,孩子们不但享受了美味的午餐,还最大限度地参与其中,懂得了一菜一饭来之不易,而且学会了合作劳动,形成了集体服务意识。[2]通过午餐值日这种劳动途径,能够让学生们感受到奉献的喜悦,懂得集体活动的重要性。因此,由劳动教育而带来的认知、情感、精神收获,对于课堂教学来说是一个很好的补充。

田地教育:"特别活动"是日本中小学课程设置中一个重要的组成部分,在这一板块开展丰富的实践活动,其中就包括田地教育。许多日本中小学校都有一块或大或小的田地,供教师对学生进行基本的劳动教育,而没有条件的学校会用花盆代替。另外还有一些学校会向政府借用一块地来做种植教育,如

---

[1] 宋庆清.日本的中小学家政教育及其启示[J].福建教育,2018(7):37-38.

[2] 李冬梅.日本学校营养午餐中全方位的教育[J].上海教育,2017(26):9-14.

在政府规定的公园里、河堤边上等。❶以日本和歌山县古座川町高池小学为例,在没有空余土地的情况下,该学校积极与当地合作,开展与当地风土人情息息相关的稻田劳作活动。在活动中,学校将目标设定为:通过体验稻米收割活动,在深知农民辛苦付出的同时,确定了每年都要自己动手用收割的稻米做米饼的约定。❷活动过程具体包括:插秧环节,学生开始稻米苗种植体验;收割稻米、脱壳环节,学生们使用现代化的脱壳机和以前的千齿机分别进行脱壳作业。❸通过亲身劳作,学生更能够体会到农田工作的不易,体悟到珍惜粮食的重要性。

3.劳动教育过程中教师的全方位指导

劳动教育的有效开展离不开师资队伍的保障,在劳动教育的过程中,教师的指导是必要的。为了较好地达到劳动教育的目的,日本十分重视培养教师相关知识、能力与态度。根据劳动类型和劳动形式的不同,有些劳动需要教师一同参与,既是劳动者,也是指导者。而有些复杂的劳动,教师则主要承担指导者的角色,教授学生一些技术经验,并进行示范指导。

在劳动开展的准备上,日本教师一般有以下安排:向学生说明劳动的目标和方法,以减少学生劳动过程中的盲目性,避免时间与财物的浪费;与学生讨论劳动任务的安排,以培养学生的自主性;预料突发问题,及时指导。在劳动进行中,日本教师十分注重劳动纪律性,一般包括:(1)按规定时间劳动和休息;(2)做好劳动的准备工作;(3)爱护用具和材料;(4)遵守安全规程和操作规程;(5)认真劳动,保证产品的质量;(6)加强协作精神。劳动结束后,日本教师还十分注重引导学生及时总结反思。具体来说,包括两种形式:第一种,在劳动结束后,进行简单的座谈,让学生们谈当天劳动的感受,并可提出对当日劳动的各种意见;第二种,学生在劳动后,可以利用作文课,记叙本人对于某项劳

❶ 劳动教育怎么做?世界各国的劳动课程一起来看![EB/OL].(2020-03-29)[2020-04-10]. https://mp.weixin.qq.com/s/pNqYFM0m8N4MqUsrR7OIuQ.

❷ 小学校学习指导要领[EB/OL].(2016-05-22)[2020-01-20]. http://www.mext.go.jp/a_menu/shotou/new-cs/-youryou/syo/index.htm.

❸ 孙秀鑫.日本中小学"特别活动"实践探索——以古座川町高池小学"自然体验"活动为例[J].世界教育信息,2016,29(22):58-62.

动的体验与收获。除学生个人做总结外,学生劳动的组织领导者,也会进行全面总结,以提醒与教育学生今后注意事项。学校还会将学生平时劳动的评价,分别记在卡片上,作为学期成绩评定的依据,这对于学生的升学与就业的指导,是很有价值的一手材料。因此,学生自然也非常在意和重视学校对自己劳动教育的评价结果。❶

(三)中小学劳动教育评价

综上所述,日本的劳动教育贯穿于学校教育的各个方面。幼儿阶段以体验劳动为主,小学阶段以独立劳动为主,初中阶段以劳动技术为主,高中阶段侧重以劳动教育联通社会。日本中小学劳动教育可以在如下方面提供借鉴与启发。

其一,以劳动体验增进学生对劳动的认识、培养学生的劳动态度。在劳动体验学习中,引导学生通过直接体验的方式感受劳动和创造的愉悦,从而形成正确的劳动观和职业观。而在劳动教育活动的规划与选择中,以不同年龄阶段提供不同的选择,重视学生自身的兴趣爱好,使得学生对劳动教育的主动性较高,循序渐进、由表及里地培养学生的劳动素养。

其二,注重道德教育层面的价值养成,看重劳动教育对人格培养的作用。日本的劳动教育更具人文色彩,而较少关注市场逻辑,不过多关注劳动与技术教育的经济效果。其理念是:劳动教育要关照学生的人格成长,培养学生热爱劳动、以劳动为荣的劳动观。这种对劳动教育在道德层面的价值的重视,促使日本社会形成了崇尚劳动、尊重劳动者的社会风气。❷

其三,劳动教育融入校园和家庭生活。综合性与系统性在日本的劳动教育中较为突出,其与崇尚劳动的日本社会环境有着密切关系并相互融合,进而推动劳动教育在家庭、学校、社会层面的广泛开展并具有一定深度的认识,甚至将日常劳动上升至艺术甚至哲学的层次。

---

❶ 罗朝猛.日本劳动教育 法律保驾护航[J].学校品牌管理,2020(2-3):94-97.

❷ 杨秋月.劳动教育 日本学生成长必修课[N].中国教育报,2020-09-04(5).

八、韩国:面向生活与职业发展的劳动教育

(一)劳动教育概况

韩国非常注重劳动教育体系的构建,其劳动教育的开展贯穿于"全人教育"的理念之下,并重点关注学生的生活与技术、职业发展两个方面。此外,除了对劳动教育课程加以改革,韩国政府还十分注重师资的培养。21世纪初,在全球化、信息化背景之下,韩国政府致力于人才培养模式的革新,新课程改革目的在于培养国际性创新型和学习型人才。在2009年进行的第7次课程改革中,韩国政府更加强调对全球化的应对和追求人性化的全人教育,全人教育是一种以促进人的整体发展为目的的教育,具备以培养健康发展、适应社会需要的人才为目的的课程设计。[1]

在这一背景下,劳动教育作为一种途径更加受到重视,在课程方面,具体表现为家政和技术教育与职业教育的融合。家政教育与学生的生活有密切联系,因此在韩国基础教育的各个阶段受到重视,并且根据学生接受程度的不同,由浅入深设置分段学习内容,涉及衣食住行各个领域。韩国的技术教育必修课程从小学5年级一直贯穿到高中,在技术课程领域,以7~8年级为例,其内容主要涵盖五大技术领域:信息通信技术、电子机械技术、建筑技术、生物技术和制造技术。韩国的技术教育强调学习经验与实际生活的重要性,将学科定位为帮助学生提高其实际能力和价值,使其在日益变化的当今社会中能够自主地生活。[2]在职业教育方面,韩国中小学职业生涯教育是指韩国政府为培养学生能够根据自身兴趣和潜能规划职业生涯的意识和技能,有目的、有计划、有组织地进行诸如职业生涯相关课程教育、职业生涯规划的心理辅导、职业生涯规划的情报提供、职业体验、就业支持等综合性的教育活动。[3]总而言之,韩国在中小学劳动教育的课程设置、框架设计、师资配备、外部支持等方面都积

---

❶ 张志华.韩国学校的家政教育[J].家庭服务,2016(7):44-45.

❷ 江苗.韩国中学技术课程标准及其实施的研究[D].江苏:南京师范大学,2015:34.

❸ 교육부(진로교육정책과).진로교육법.법률 제13336호,2015.12.23.시행[EB/OL].[2018-12-12].http://www.law.go.kr/lsInfoP.do?lsiSeq=172382&efYd=20151223#0000.

累了丰富的经验。

(二)中小学的劳动教育的特色与实践

韩国政府十分重视劳动教育的开展,在初等与中等教育阶段,通过"实科"课程、"技术·家庭"课程及职业生涯课程,帮助学生在劳动体验中积累多样化的实践经验,最终培养他们对于职业的正确价值观以及解决实际问题和探索职业前途的能力。

1. 贴近学生生活的家政和技术课程

韩国于2015年重新修订了中小学教育课程,劳动教育集中体现在小学的"实科"课程及中学的"技术·家庭"课程,其中主要是家政与技术教育两条主线。从课程的具体开展情况来看,"实科"课程主要在小学5~6年级开设,"技术·家庭"课程主要在中学开设。这两门课程着重培养学生在家庭生活及日常生活中的实践能力,以及对未来技术与职业生涯的理解与探索能力。课程内容特色体现为贴近实际生活,同时面向未来的发展。

在家政与技术教育方面,韩国的小学、初中、高中均把相关课程列为必修课,并由浅入深以分段学习的模式展开,其内容涉及衣食住行以及技术应用的各个领域。韩国学校的家政教育学习内涵包括两部分:一为融入家政不同的学习领域,包括衣食住行、人际交往、家庭关系协调等各个方面;二为家政教育实习,让家政知识能充分应用于学习活动中,以期培养学生的基本生活技能,体验实际生活,增进生活情趣,包括亲手制作营养早餐、在超级市场进行合理消费、旧衣物改造等。❶技术教育的课程往往与家政课程并列,其更关注学生的课堂经验,鼓励学生积极参加学校和当地社区的家政练习。在实践方面,教师往往会借助展览参观等机会,引导学生在班级活动中学习和实践,鼓励学生主动探寻学习材料,运用所学习的知识在周围环境中练习。如在7年级的教学目标中,包括青少年的理解、青少年的生活、技术的发展与未来变化、技术与发明创造四个部分。在生活方面,不仅引导学生与班级同学发展友好的关系,而且帮助学生通过学习形成合理的饮食习惯,学会合理地搭配服饰。在技术方面,教导学生理解技术发展与未来社会的关系、发明创造的技巧与原理,并且

---

❶ 张志华.韩国学校的家政教育[J].家庭服务,2016(7):44-45.

通过制作简单的小发明提高学生的创造力,让其体验其中的乐趣。❶

分阶段来看,在小学阶段,学校主要开设家政、礼仪、技术操作之类的课程,并辅以各类社会实践活动。在课标中,明确要求5~6年级的学生每周必须修2个小时的技艺课程。在初中阶段,家政与技术类课程涵盖范围广,除讲授理论课程外,还在专门的教室进行手工操作,并以实践课程为主。❷在高中阶段,家政与技术教育内容主要包含家庭生活的设计、家庭生活安排、能量和传送技术、建筑技术的基础等领域。在这一阶段的教育主要关注学生的技术掌握与情感培养,其总目标是:使学生学习个人与家庭、产业生活所必需的知识和技能,使家庭生活充实,具备适应信息化、全球化社会的变化的能力。❸

2. 提升学生劳动素养的职业生涯教育

20世纪80年代,为顺应教育改革的趋势与社会发展的需要,韩国教育行政部门着力推动在中小学阶段开展职业生涯教育。2015年12月和2016年4月,韩国教育部相继发布《职业生涯教育法》《第二次职业生涯教育五年基本计划(2016—2020年)》,在教育领域分年级制定了系统的职业生涯教育框架。其目标主要包括"自我认识与社交能力""职业与工作世界理解能力""生涯探索能力"和"生涯设计与准备能力"四个维度的能力提升。❹在具体实践层面,韩国学校的职业教育主要通过"创意性体验活动"板块的课程为载体。这一板块的活动包含四个方面:自主活动、社团活动、社会服务和职业生涯活动,涉及了学生在个人自主、学校社团、社区、社会和职业等方面逐步发展的过程,其中职业教育是十分重要的部分。❺

在教学实践层面,职业教育的开展是以劳动体验的方式进行的。职业探索包括实习劳作活动,具体内容包括木工操作、手工劳动、设计、制图、机器人制作、机械装配、模型制作、室内装修、美容,等等。通过这些活动,培养学生的动

---

❶ 江苗.韩国中学技术课程标准及其实施的研究[D].江苏:南京师范大学,2015:36-37.

❷ 刘杨,刘岩,耿静静.韩国家政教育发展及其启示[J].世界教育信息,2017(16):27-32.

❸ 张志华.韩国学校的家政教育[J].家庭服务,2016(7):44-45.

❹ 吕君,韩大东."核心素养"背景下韩国中小学职业生涯教育探究[J].职业技术教育,2019,40(7):68-73.

❺ 綦春霞,洪厚柞,王瑞霖.韩国新修订的国家课程及其启示[J].外国中小学教育,2012(4):1-7.

手能力和实际操作能力,学习相关的技术,并在劳动中形成良好的勤劳意识和行为习惯。职业生涯相关活动的开展给学生到各种职业和工作现场直接体验的机会,其活动类型包括:演讲对话型活动,即学校邀请各个领域的专家或企业代表等通过演讲等形式进行的活动;现场参观型活动,即通过各种职业相关的宣传机构、企业等地的参观,帮助学生把握某职业或产业的未来走向及前景;学科体验型活动,是指通过在大学进行参观、实习、听讲座等活动,帮助学生对相关职业的学科专业及基础知识有一定的认识及把握;职业咨询型活动,是指针对学生进行的职业规划咨询指导活动;职业实务体验型活动,即在模拟职业体验机构,帮助青少年体验各种职业的相关实务;现场职业体验型活动,即在政府机关、公司企业、医院、各类商店超市等工作场地进行相关的职业体验。❶

(三)中小学劳动教育评价

总的来说,韩国的劳动教育既关注学生的现实生活,也关注学生的未来发展。通过创造性的课程开发,聚焦于家政、技术与职业发展三个方面,以劳动体验的方式培养学生的劳动能力、劳动情感与精神。其劳动教育课程切实地提高了学生对于生活世界和职业的认识,培养了学生们的劳动意识和成为共同体合格公民的能力。韩国的中小学劳动教育具有一定特色,有两个方面值得借鉴。

首先,构建系统的课程标准体系。韩国虽然没有以劳动教育命名的相关课程,但存在以劳动为途径的相关教育活动。无论是家政与技术教育课程,还是职业生涯教育课程,都以具体的、系统的课程为依托开展,如"实科课程""家庭·技术课程""创意性体验活动",并在基础教育阶段体现了相当程度的连贯性。对比之下,我国劳动技术教育体系主要依托信息技术、劳动技术教育与通用技术课程,而所对应的课程标准则涉及中小学信息技术课程标准、劳动与技术课程标准、普通高中通用技术课程标准三个类别,可见国家层面还没有小学、初中到高中一贯制的技术课程标准。因此,韩国在劳动教育的内容方面的

---

❶ 吕君,韩大东.“核心素养”背景下韩国中小学职业生涯教育探究[J].职业技术教育,2019,40(7):68-73.

衔接性和逻辑性值得借鉴。

其次,劳动教育的开展要广泛借助社会资源。劳动教育需要体验和实践环节支撑,因此对于政府与学校来说,充分挖掘并合理组合社会资源的能力十分重要。2015年,韩国政府颁布的《职业生涯教育法》中加入了"各级政府、公共机关、公营及私营企业等有义务为各学校提供职业生涯教育及'自由学期制'活动开展的场地及人力支援"的条例。❶而在学校层面,在"创意性体验活动"板块韩国的学校十分注重劳动与职业教育与自主活动、社团活动、服务活动的相互联系,拓宽学生进行劳动体验的社会平台。以位于海边的全罗南道M高中为例,该高中借地区港口开航120周年的契机,将校内正在开展的80余个社团活动与港口开航这一主题相连接,让学生体验与港口及船业相关的职业,探究该地区的就业需求和特点。如模型制作社团组织开展的制作连接港口和岛屿的桥梁设计活动,让学生了解港口构造的同时激发其对建筑业、造船业等的兴趣。❷

第二节　国外中小学劳动教育的特点

从全球来看,世界各国特别是发达国家普遍重视中小学劳动教育,并以体系化、层级化的方式推进。具体来说,有如下四个方面的突出特点:政府部门高度重视,加强制度顶层设计;学校发挥主体作用,积极探索实践;重视劳动教育教师队伍建设,加强师资保障;家、校、社形成合力,多方协同推进。

一、政府部门高度重视,加强制度顶层设计

伴随着社会的变化和时代的发展,劳动教育在课程体系中的地位也愈加重要。其中,大多数国家通过法律、法规的形式来明确和强调劳动教育的重要

---

❶ 교육부. 진로교육 집중학년·학기제 운영 매뉴얼[EB/OL]. (2018-12-12). [2021-05-20]. http://www.career.go.kr/cnet/front/commbbs/courseMenu/commBbsView.do?categoryType=1&BBS_SEQ=134218&BBS_CTGRY=100793.

❷ 吕君,韩大东. "核心素养"背景下韩国中小学职业生涯教育探究[J]. 职业技术教育,2019,40（7）:68-73.

性,从而为保障劳动教育的发展、进一步提升劳动者素质和培育合格公民奠定基础。以德国为例,德国为加强中小学劳动教育,就先后由德国教育委员会颁布《关于在主体中学设置劳动课程的建议》和由德国文教部长联席会颁布《关于将劳动教育推广至主体中学的建议》《关于初中劳动课程的说明》,并于2016年提出了"基于数字世界的教育"战略草案。❶俄罗斯在2012年修订的《俄罗斯教育机构实施普通教育大纲的联邦基准教学计划和示范教学计划》中提及要指导和规范俄罗斯的劳动教育课程。❷总的来看,上述文件为学校进行劳动教育奠定了坚实的政策基础;另一方面,政策的出台也为劳动教育的发展指引方向,从而更好地促进学校的劳动教育,培养具备终身学习能力和适应不断变化的行业结构以及社会生活的劳动者。

二、学校发挥主体作用,积极实践探索

作为承担学生劳动教育和直接培养劳动者任务的学校,各国学校进行的实践探索不胜枚举,各具特色。在落实国家劳动教育政策的过程中,充分发挥了因地制宜的资源优势,努力实践着劳动教育探索育人的目标。以俄罗斯为例,以马可连柯教育思想为指导的俄罗斯农村中学帕夫雷什中学认为,劳动教育是促进学生智力和创造能力发展,以及把知识应用于实践的有效途径。在此思想指导下,学校创造了一系列独具农村特色的活动,如"果园周""庄稼节""首次铃声节""新粮面包节"等,将学生引入丰富多彩的生物学、土壤学等各个学科的世界,从而促进学生素质的全面和谐发展;❸德国柏林的卡罗施密特高中为了使学生有机会接触并参与数字生产的全过程,了解真实的数字生活和数字劳动内容,在校园内创设了专门的校园公司,并为其配置了成套的工业级数字化生产设备,如激光切割机、激光雕刻机、投影机、高性能笔记本、乐高头

---

❶ 任平,贺阳.连通学校与现代社会生活的桥梁——德国中小学劳动教育实施路径及启示[J].外国中小学教育,2019(8):28-36.

❷ 宋丽荣,姜君.俄罗斯劳动教育课程改革——《工艺学》的改革举措及特点[J].基础教育课程,2020(5):74-80.

❸ 周云祥,王凡.帕夫雷什中学劳动教育特色探析——一个农村中小学实施劳动教育的范本[J].外国教育研究,2005(4):56-59,63.

脑风暴机器人、工业吸尘器、压缩机等设备。❶不同学校对于劳动教育实践措施的探索,丰富了劳动课程的内容,提升了学生参与劳动课程的积极性,从而更好地将劳动教育目标落到实处。

三、重视劳动教育教师队伍建设,加强师资保障

劳动教育作为学校课程的组成部分,其有效的实施有赖于完善的师资建设、物质保障、政策体系和社会机制等保障措施。以德国为例,从师资条件上说,拥有一整套完善的师资培训体系。德国中小学一般都配备有专职的劳技教师。劳技学科教师与其他学科教师一样,都需要接受高等师范教育(劳动教育方向),完成本科、硕士一体化课程后参加学校见习,并最终通过国家教师资格考试的认证,方可获得正式的任教资格。德国学校还为劳动教育课程安排独立的劳动教育车间,配备专业的设备。例如,很多学校都设置有工业制造、木工、金属、塑料加工、饮食烹饪的专业教室;一些实科学校甚至还开设校园车间。❷俄罗斯也致力培养一支能够承担劳动教育课程开发的师资队伍。例如重视教师素质提升,加强对教师的民族文化和专业的培训与继续教育,为符合专业要求的教师引入现代培训和发展计划,对高质量、创造性的教师工作进行物质和精神鼓励,实现教师专业的可持续发展;重视提高教师的地位和待遇,教师的平均工资正在增长;努力帮助教师在观念、态度、素养、能力等方面做好准备,激发教师获得新知识和新技能的内驱动力。❸总的来说,各国劳动教育的有效实施,有赖于从师资建设、物质保障、政策体系到社会机制的保障体系,并通过劳动教育培养的劳动者最后回到劳动力市场和社会,再次保障劳动教育的开展。

---

❶ 任平,贺阳. 连通学校与现代社会生活的桥梁——德国中小学劳动教育实施路径及启示[J]. 外国中小学教育,2019(8):28-36.

❷ 任平. 德国中小学如何实施劳动教育[J]. 人民教育,2020(11):71-74.

❸ 宋丽荣,姜君. 俄罗斯劳动教育课程改革——《工艺学》的改革举措及特点[J]. 基础教育课程,2020(5):74-80.

四、"家—校—社"形成合力,多方协同推进

各国劳动教育的实践都是家庭、学校和社会共同推进,是协同育人的过程。具体体现在两个方面:一是学校劳动教育的内容,除了面向学校自身之外,也是面向学校之外的家庭和社会的;二是学校劳动教育的实现,需要得到家庭和社会的协同支持,才能更好地实现劳动教育育人的目标。学校劳动教育的课程设置是面向家庭和社会的,很多国家的劳动教育都开设了家政课,芬兰、日本、韩国等国家更是将家政课列入了其劳动教育课程的重要体系之中。[1][2][3]德国认为劳动教育承担着对个体进行"社会—经济教化"的重要功能,即通过帮助全体学生多方面了解并参与社会生活,从而推动学生全面且和谐地发展。[4]另外,劳动教育有效的实施,需要家庭、学校和社会的协同支持。德国的劳动教育具有鲜明的实用性,其以生活和职业需要为导向,注重培养学生的实践能力,帮助学生了解自身的兴趣、能力和潜力,了解各行各业的职业要求,了解经济和技术的发展及其对社会的影响,为独立生活和选择职业做好准备。因此需要社会各方面的支持、协助和共同努力,这一过程的教学才能得到顺利实施和落实。[5]

第三节　对我国中小学劳动教育的启示

结合国外开展劳动教育的经验,总的来说,可以为我国全面加强新时代中小学劳动教育提供以下启示:在理念层面,要贯彻劳动教育的育人本质,在知识、能力与精神培养上全方位育人;在课程内容层面,要立足于学生的生活经

❶ 滕珺,王岩.创新性与传统相结合的芬兰劳动教育[EB/OL].(2019-01-10)[2021-05-20].http://news.gmw.cn/2019/01/10/content_32327271.htm.

❷ 劳动教育怎么做?世界各国的劳动课程一起来看![EB/OL].(2020-03-29)[2021-05-20].https://mp.weixin.qq.com/s/pNqYFM0m8N4MqUsrR7OIuQ.

❸ 李协京.韩国的劳动教育[EB/OL].(2018-09-29)[2021-05-20].https://mp.weixin.qq.com/s/ebXJn-tRB2P3oOTUMCpG0yg.

❹ 德国:劳动教育承担对个体进行"社会-经济教化"的重要功能[J].中小学德育,2019(12):78.

❺ 孙进,陈囡.德国中小学的劳动教育课程:目标·内容·考评[J].比较教育研究,2020,42(7):73-81.

验,更要回应时代的发展要求,实现生活与技术的融合培养;在课程实施层面,要实现与其他学科课程的贯通,重视体系化的课程开发与完善;在保障机制方面,要广泛发掘课程资源,积极拓宽社会平台,此外还要注重培养专业且持续发展的教师队伍,为劳动教育的开展保驾护航。

一、把握劳动教育的育人本质

《中共中央 国务院关于全面加强新时代大中小学劳动教育的意见》印发以来,全国各地积极响应党中央号召,开展了丰富的劳动教育实践。劳动教育不仅仅是一种关于劳动的体验,更是关于整体教育事业发展的有效途径。从各国实践来看,劳动教育都在更高层次的教育理念指引之下开展,如芬兰的"横贯能力"、韩国的"全人教育"、德国的"基于数字世界的教育"等。对我国来说,劳动教育的开展一定要立足于"五育并举"的教育方针之下,致力于培养德智体美劳全面发展的社会主义建设者和接班人。首先需要明确的是"劳育"作为一种教育形式,是"五育"的重要组成部分,并和其他教育形式一起组成新时代实现学生全面而自由发展的路径。只有"五育并举",共同追求育人根本目标的实现,才能塑造出符合时代要求的"全人"。因此,在劳动教育的开展过程之中,要充分意识到劳动教育的育人价值,并在具体的劳动教育形式之中,将德育、智育、体育和美育的形式熔铸在一起。此外,要注重全方位开展劳动教育,习近平新时代中国特色社会主义劳动教育的目的是培养具有劳动知识、劳动技术素养、劳动精神、劳模精神、工匠精神,能够辛勤劳动、诚实劳动、创造性劳动的德智体美劳全面发展的社会主义建设者和接班人。❶在知识、技能与价值观三个层面开展劳动教育,能更好地促进学生涵养道德、增进知识、强健体魄和愉悦身心,让劳动教育的课堂成为学生全面发展、提升人格的场所。

二、立足学生的生活经验

劳动教育的开展要融合学生的经验,其教育成效也将部分体现于日常生活。当下关注的新时代劳动教育,主张将人类的劳动回归人的生活日常和成

---

❶ 徐长发. 新时代劳动教育再发展的逻辑[J]. 教育研究, 2018(11):12-17.

长必需,即回到劳动的生活属性和对人的发展价值来推进劳动教育。❶在各国的实践中,特别是针对低幼年级,劳动教育的开展十分注重与学生生活的结合。如在加拿大的不列颠哥伦比亚省,5年级并没有单独的劳动教育课程,而是将关于劳动的教育融合在学生的校园生活与其他课程之中。此外,美国以家庭生活为起点开展劳动教育,而加拿大、芬兰、日本与韩国均有内容明确的家政课程,关注学生的生活能力提高与生活态度培养。在融合生活这一点上,日本的劳动教育最为突出。而其之所以能影响全球,与其将劳动教育融于校园和家庭之中密切相关,只有尊重热爱生活中的劳动,才能将烦琐的日常劳动上升至艺术甚至哲学的层次。❷在劳动教育课程的改革中,努力让生活成为劳动教育开展的场所,用生活来检验劳动教育这堂大课,才能真正锻炼和提升学生的劳动能力,让劳动教育真正发挥育人作用。

三、面向现代化的时代要求

劳动教育的生机与活力来自不断与时代相融合,积极适应时代变化并与时俱进是开展劳动教育的题中之义。在新时代背景下,随着社会环境与需求的变化,劳动教育应面向培养学生核心素养,增强中小学劳动课程的时代性,秉承与时俱进的课程开发理念,紧跟社会发展的步伐而不断更新,做到与工业变革、职业变革、生活变革相互协调。可以说,对时代命题的积极回应体现在各国的劳动教育之中,如加拿大在全球化、信息化背景下提出学习型加拿大的教育规划,并在其中明确了劳动教育的功能与内容;韩国则在最新课改中树立了培养国际性创新型和学习型人才的教育目标,在此之下对劳动教育的开展进行调整。总体来看,当代社会劳动形态不仅包含更多脑力劳动,许多复合的崭新的劳动形态,特别是存在于信息产业、文化产业等领域的新兴劳动形态正不断涌现,日益改变着劳动形态的旧格局。❸特别是数字时代的来临使得社会生

---

❶ 李敏,高峰.新时代的劳动教育属于生活[J].人民教育,2019(7):49-52.

❷ 胡桃酱,等.劳动教育怎么做?世界各国的劳动课程一起来看![EB/OL].(2020-03-29)[2020-05-01].https://mp.weixin.qq.com/s/pNqYFM0m8N4MqUsrR7OIuQ.

❸ 檀传宝.加强和改进劳动教育是当务之急——当前我国劳动教育存在的问题、原因及对策[J].人民教育,2018(20):30-31.

活发生了巨大的变革,作为课程组织形式的劳动教育必须回应时代的要求,培养符合时代发展需要的劳动者。要探索形成数字化、个性化、开放性、终身化的劳动教育模式,从而实现在劳动教育中培养具备数字技能的新时代人才。

四、实现与学科课程的贯通

劳动教育过程是一个连续性、一体化和多途径整合实施的过程。[1]有效融合劳动教育及其他课程,是劳动教育高效开展的关键路径。随着社会的发展,社会问题的复杂性不断增加,个体往往需要综合多门学科的知识和技能才能解决生活和工作中的问题。德国、美国的劳动教育开展都来自精心设计,通过多样活动的形式,把体育、艺术、爱国教育等内容融入其中,并贯穿在基础教育的全过程以培养学生的全面素养。[2]此外,劳动教育的开展需要学生的亲身实践,而劳动过程中所面临的问题的解决需要综合各学科的知识,因此,要积极探索并建设贯通于学科教学的劳动教育模式。新时代劳动教育课程教学的组织实施,可以专门设立劳动教育课程,但要同时注重日常的学校教育活动需要渗透劳动教育目标与内容,把所有课程有机融入劳动教育内容。中小学劳动课程作为一门学科有其存在的价值与意义,也应在于其不是简单做加法,而是努力追求一体化的综合课程,渗透在多学科教学当中,注重学科间的衔接及全面教育。

五、重视体系化的课程开发与完善

劳动教育的开展需要系统化的设计与安排,这体现为各学段劳动教育纵向进阶,各有侧重又相互衔接。[3]从劳动教育的实践层面来看,我国课程开发层面缺乏顶层设计和系统规划。在教材建设上缺乏课程标准的指引,各自为政,内容不衔接,甚至脱节、缺项;有的是短腿,有的是断腿,没有形成完整学段链

---

❶ 顾建军,毕文健.刍议新时代劳动教育课程的一体化设计[J].人民教育,2019(10):11-17.

❷ 任平,贺阳.连通学校与现代社会生活的桥梁——德国中小学劳动教育实施路径及启示[J].外国中小学教育,2019(8):28-36.

❸ 顾建军,毕文健.刍议新时代劳动教育课程的一体化设计[J].人民教育,2019(10):11-17.

条。[1]国外的劳动教育开展体现了阶段性、衔接性的特点,构成了较为完整的课程体系。如以"工艺学"为代表的俄罗斯劳动教育共分为1~11年级不同层次的课程,并辅之以"联邦、国家—区域、学校"三个层次的纵向管理机构,保证了劳动教育开展的统一性与系统性;而韩国的家政教育、技术教育与职业教育从小学至高中以阶段化的模式开展。总而言之,落实劳动教育需要系统化的课程开发与完善。这一目标的实现,首先依赖于劳动教育在现有教育规划中的地位与功能的明确,教育行政部门需要在顶层设计层面切实考虑劳动教育融入现有课程体系的可行性;其次要加强对劳动教育的科学研究,以多学科视角、多维度地开发劳动教育课程,使之在基础教育阶段的系统化建设具有坚实的科学基础。

六、发掘课程资源与打造社会平台

劳动教育的开展与实践具有密切关系,需要在实践的过程中发掘、组合不同的资源,并丰富社会平台。劳动教育仅靠学校关起门来抓是不行的,必须推动建立家庭、学校、社会各方面齐抓共管、协同实施的机制。[2]建立完善的劳动课程体系,一方面要有充足的课程资源作为支撑,另一方面要充分发挥各种途径进行劳动教育。以德国为例,劳动教育课程实施的形式丰富,涵盖了多种校外实践形式,如社会实践、企业实习和手工工厂实习。日本的劳动教育中,青少年社会体验活动也是必不可少的内容,这既需要国家和地方政府的支持,也需要地区、学校、家庭、社会民间团体与企业等的协作。相比起来,我国需要丰富劳动教育实践形式,让劳动教育不再局限于课堂之内,而是以更多社会实践形式让学生在更广阔的社会中实现劳动教育和职业劳动的深度参与,从而真正提升学生在实践中获得参与21世纪社会生活和工作所需的能力。社会、团体、个人都可以为劳动教育课程资源的开发提供支持,学校可以充分利用和发挥社会的物力资源,创造有利于劳动教育开展的条件。[3]总之,要建立家庭、学

[1] 徐长发.新时代劳动教育再发展的逻辑[J].教育研究,2018,39(11):12-17.

[2] 陈宝生.全面贯彻党的教育方针大力加强新时代劳动教育[J].现代教学,2020,451(6):5.

[3] 玄兆丹,索桂芳.澳大利亚技术教育的经验及其对我国的启示[J].河北师范大学学报(教育科学版),2015,17(3):66-70.

校、社会各方面齐抓共管、协同实施的机制。家庭要发挥基础作用,学校要发挥主导作用,社会各方面要发挥支持作用,做到家庭劳动教育日常化、学校劳动教育规范化、社会劳动教育多样化,把劳动教育任务落到实处。❶

七、培养高素质、专业化的教师队伍

教师是最重要的课程资源,也是劳动教育开展的基本保障。根据调查数据显示,18.49%的教师认为自己急需相关方面的培训来提升自己;6.85%的教师表示自己还没尝试过,不了解劳动教育;仅25.54%的教师认为自己完全有能力实施。❷对比之下,发达国家在劳动教育方面的师资建设具有一定的成功经验。澳大利亚的劳技教师培养具有专业化、系统化的特征,其依托师范院校培养专业的劳技教师,一般开设木工、金工和绘画等技术类课程。日本在小学阶段虽不配备专门的劳动教师,因为其所开设的家政课与午餐教育内容较为简单,但也需要对主班教师进行必要的培训。总的来看,劳动教育师资队伍的建设需要确保专业性,同时也要注重灵活性。在宏观层面,要培养具有劳动素养的教师。教师要掌握一定的劳动知识,还要拥有发掘劳动教育价值的素养,更要掌握一些劳动教育的方法和技巧。只有教师具备相应的劳动教育素养,才能完成从劳动到教育的推进活动。❸在微观层面,要以专兼职结合的方式构建师资队伍,实现劳动教师培养的多渠道共建,既要加强对校内教师的培训与提升,也要与校外兼职教师结合,可请"大国工匠"、劳模、企业技术能手做兼职教师。❹通过多种方式途径,切实推进我国中小学劳动教育师资队伍的建设。

小　　结

借鉴国外开展中小学劳动教育的做法和经验,对于推进我国新时代劳动教

---

❶ 本刊编辑部. 全面加强新时代大中小学劳动教育[J]. 人民教育,2020(8):12.

❷ 方凌雁. 劳动教育的现状/问题和建议——2019年浙江省中小学劳动教育调研报告[J]. 人民教育,2020(1):15-19.

❸ 吴昌福. 学校劳动教育育人价值的缺失与复归[J]. 教育理论与实践,2019(34):12-15.

❹ 顾建军,毕文健. 刍议新时代劳动教育课程的一体化设计[J]. 人民教育,2019(10):11-17.

育政策落地落实具有一定的启示作用。本章在对美国、加拿大、俄罗斯、德国、芬兰、日本、韩国和澳大利亚等国家劳动教育分析的基础上,提炼总结其特点和经验,进而提出对我国中小学劳动教育的启示。

　　本章对八个国家的劳动教育进行了梳理,归纳总结其小学劳动教育的特色。美国推行的是实用主义底色的劳动教育,中小学劳动教育表现为三条具有特色的路径,主要包括:一是基于成为家庭有效成员的劳动教育,二是基于就业的劳动教育,三是基于公民培养的劳动教育。加拿大劳动教育主要是促进教育与生产相结合,中小学劳动教育的特色是注重课程开发、聚焦技术学习与运用,重视多方参与、丰富劳动体验,提高劳动认识、强化职业准备。澳大利亚施行的是面向实践和未来的劳动教育,中小学劳动教育主要特色是扩展劳动技术课程内容与功能、重视劳动体验与实践、培养专业的劳动教育师资。德国构建的是面向"数字世界"的劳动教育,中小学劳动教育的实践特色包括:积极拓展劳动教育课程内容,构建面向"数字世界"的劳动能力框架,设置主题整合不同的课程资源,创设校内外劳动教育实践基地,构建完善的师资保障体系等措施。俄罗斯推行的是以"工艺学"为核心的劳动教育体系,中小学劳动教育的特色包括:加强顶层设计,保障学校自主空间,提高教师队伍的专业性,支撑技术技能特色化,融合信息技术与社区资源,推动教育资源现代化社会化。芬兰推行的是以"横贯能力"培养为核心的劳动教育体系,中小学劳动教育的传统色彩较为浓厚,从教育形式上来看,主要包括手工课、家政课与综合课程三种类型。日本实施的是融入日常生活的劳动教育,中小学劳动教育特色包括阶段特征鲜明的劳动教育形式,独具特色的劳动教育课程,劳动教育过程中教师的全方位指导。韩国推行的是面向生活与职业发展的劳动教育,中小学劳动教育主要包括开设贴近学生生活的家政和技术课程,提升学生劳动素养的职业生涯教育。

　　总体来看,国外中小学劳动教育具有四个方面的突出特点:政府部门高度重视,加强制度顶层设计;学校发挥主体作用,积极探索实践;重视劳动教育教师队伍建设,加强师资保障;推动家、校、社形成合力,多方协同推进。带给我们的启示有:把握劳动教育的育人本质,立足学生的生活经验,面向现代化的时代要求,实现与学科课程的贯通,重视体系化的课程开发与完善,发掘课程资源与打造社会平台,培养高素质、专业化的教师队伍等。

第三章 我国中小学劳动教育的
现状调研和分析

近年来,针对劳动教育普遍被淡化、边缘化的社会现状,国家出台了一系列政策文件,对新时代劳动教育予以了高度关切。2015年8月,教育部联合共青团中央、全国少工委印发《关于加强中小学劳动教育的意见》,强调要充分发挥劳动综合育人功能,促进学生德智体美劳全面发展;2018年9月,习近平总书记在全国教育大会上明确提出要在学生中弘扬劳动精神;2020年3月,中共中央、国务院颁布《关于全面加强新时代大中小学劳动教育的意见》,全面部署新时代大中小学劳动教育。

学界围绕劳动教育开展了持续的研究。自1954年起,国内期刊便陆续刊载劳动教育的相关研究,此后维持在年均50~100篇的发文量,到2015年出现热潮,2018年后相关研究成果呈井喷式增长。当前,我国劳动教育仍然存在被弱化、软化、淡化的现象,亟须自上而下创设劳动教育的实施环境,明确新时期劳动教育的内涵与目标,推动形成科学劳动教育体系,建立健全劳动教育评价机制,让劳动教育真正做到落地见效。

教师作为劳动教育教学实践的直接实施者、执行者,其对劳动教育的认识、态度,以及纳入学校教育实践的感受与评价,对贯彻落实新时代我国劳动教育方针、保障劳动教育实施效果,具有重要的参考价值。本章通过对全国范围中小学一线校长、教师的调研,形成基于调研的数据信息,为新时代我国中小学劳动教育的政策贯彻落实提供科学依据。

第一节　调研设计

一、调研问题

调研主要采用问卷调查的方法,通过描述、分析和诊断我国劳动教育实施现状,对新时代劳动教育开展提出建议。问卷设计主要围绕以下6个问题:

(1)我国中小学教师对劳动教育的认知有哪些?

(2)我国中小学劳动教育实施过程中存在哪些问题?

(3)新时代中小学劳动教育有哪些特点?

(4)我国中小学对劳动教育政策的落实情况如何?

(5)我国中小学教师对劳动教育政策的未来预期有哪些?

(6)新时代中小学劳动教育施行应如何更好推进?

二、调研对象与数据采集

本次调研采用分层随机抽样的方法,面向东中西部地区、城乡及各学段(小学、初中、高中)教师分层选取样本,共回收12 214份有效问卷。整体来看,调研对象所在区域分布大致均衡:34.62%的教师来自东部地区,25.86%的教师来自中部地区,39.52%的教师来自西部地区。其中,近六成的教师任职于城镇学校,九成以上的教师来自公办学校。在学段分布上,一半以上为小学教师,共7275名(占59.56%),3437名初中教师(占28.14%),1502名高中教师(占12.30%)(表3-1)。

表3-1　调研对象所在学校的基本情况表

类别	项目	人数/人	占比/%
学段	小学	7275	59.56
	初中	3437	28.14
	高中	1502	12.30

类别	项目	人数/人	占比/%
所在区域	东部地区（北京、天津、河北、辽宁、上海、江苏、浙江、福建、山东、广东、海南）	4228	34.62
	中部地区（山西、吉林、黑龙江、安徽、江西、河南、湖北、湖南）	3159	25.86
	西部地区（内蒙古、广西、重庆、四川、贵州、云南、西藏、陕西、甘肃、青海、宁夏、新疆）	4827	39.52
学校性质	公办学校	11 783	96.47
	民办学校	431	3.53
学校类型	城镇学校	7136	58.42
	农村学校	5078	41.58

调研的教师中，从性别来看，71.65%为女性教师，28.35%为男性教师。从年龄结构来看，20.36%为新教师（30周岁以下），35.3%为青年教师（31~40周岁），30.28%为中年教师（41~50周岁），14.07%为老年教师（50周岁以上）。从学历构成来看，七成以上教师最高学历为本科。在调研教师的工作职务上，八成以上的教师为中小学一线的科任教师（表3-2）。

表3-2　调研对象的基本情况表

类别	项目	人数/人	占比/%
性别	男	3463	28.35
	女	8751	71.65
年龄	30周岁及以下	2487	20.36
	31~40周岁	4311	35.30
	41~50周岁	3698	30.28
	50周岁及以上	1718	14.07
最高学历	大专以下	191	1.56
	大专	2166	17.73
	本科	9338	76.45

类别	项目	人数/人	占比/%
最高学历	研究生	519	4.25
工作职务	学校领导	1194	9.78
	科任教师	10 474	85.75
	普通后勤	351	2.87
	其他人员	195	1.6

三、调研方法与工具

本次调查主要采用问卷调查形式,旨在了解新时代我国中小学劳动教育实施的基本情况,以及中小学教师对劳动教育的认知情况,以便为我国劳动教育政策落地提供决策支持,为进一步优化劳动教育的实施环境提供实证依据。

经过前期政策分析、文献梳理与实地调研,根据调研问题与目的确定关键指标,自编《新时代中小学劳动教育调查问卷(教师卷)》。问卷由三个部分构成:第一部分为基本信息,主要为样本教师的个人信息(性别、年龄、最高学历、工作职位)与所在学校的基本信息(所教学段、所在区域、学校性质、城乡类型)。第二部分为教师对劳动教育的认识情况,主要调查样本教师对劳动教育本身的认知程度,以及对劳动教育纳入学校教育体系的态度。第三部分为教师对所在学校劳动教育实施情况感知与评价,主要调查样本教师所在学校劳动教育教学实践(教学安排、教学内容、师资配置)、管理服务(资金投入、宣传力度、校外支持)的实施情况,以及样本教师对学校实施劳动教育效果的评判,包括预期成效、面临挑战、实施建议等。

第二节　我国中小学劳动教育现状调研结果

一、中小学教师对劳动教育的认知情况分析

1．绝大多数教师高度认可劳动教育的育人价值

调查显示,86.50%的教师对国家"关于全面加强新时代中小学劳动教育"

精神有所了解(图3-1),九成以上的教师认可劳动教育的育人价值,且认可度的均值均为4.5分以上,远高于5分量表的中间值3分,这表明中小学教师普遍认可劳动教育对学生培养的重要价值,他们认为劳动教育理应在教育教学实践中得到重视。94.11%的教师认为创造性劳动教育是社会发展的趋势,93.57%的教师认为学生基本生活技能方面的劳动教育需要受到高度重视,92.85%的教师认为劳动教育能够培养学生的劳动观念、劳动精神和基本劳动能力,91.74%的教师认为劳动教育对德育、智育、体育、美育的培养有正向帮助作用,95.07%的教师认为应根据学段以及学生年龄特点开展劳动教育,91.11%的教师认为课时安排上应保障每周至少1课时,且90.75%的教师认为应该在其他课程教学中渗透劳动教育。具体表现为:"应在其他课程教学中渗透",认可度评分为4.59;"应依据学段开展劳动教育",认可度评分为4.74;"劳动教育应不少于1课时/周",认可度评分为4.61;"创造性劳动是社会发展的需要",认可度评分为4.70;"须高度重视培养基本生活技能",认可度评分为4.69;"益于培养劳动观念、精神与能力",认可度评分为4.67;"益于其他'四育'培养,认可度评分为4.62"(图3-2)。

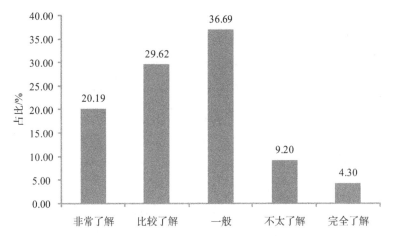

图3-1 教师对国家"关于全面加强新时代中小学劳动教育"精神的了解程度

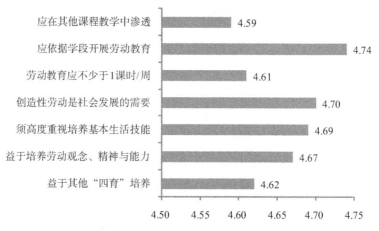

图3-2 教师对劳动教育育人功能的认可度均值（五分制）

2. 中小学教师普遍支持将劳动教育纳入学校教育体系中

调查显示七成以上的中小学教师对劳动教育纳入学校制度化建设持积极态度。具体表现为：首先，在制度设计上，76.63%的教师认为有必要将劳动教育纳入教育督导体系中，81.81%的教师认为学校有必要在每学年都设立劳动教育周；其次，在课程规划上，82.59%的教师认为有必要将劳动教育设为学校必修课程，84.69%的教师认为中小学国家课程中应该包含劳动教育；最后，在学生评价上，75.25%的教师认为有必要将劳动素养评价结果作为学生评优评先和升学的重要依据，且85.99%的教师认为将劳动教育纳入学生综合素质评价体系中是可行的。不仅如此，在五级态度评价的计分中，教师对劳动教育纳入学校制度建设的态度均值在4分以上，高于5分量表的中间值3分，这表明中小学教师普遍认为有必要将劳动教育纳入学校教育制度建设中。具体表现为："纳入学生综合素质评价体系"，认可度评分为4.41；"每学年设立劳动周"，认可度评分为4.25；"纳入中小学国家课程"，认可度评分为4.33；"作为学生评价和升学的依据"，认可度评分为4.13；"设立为必修课程"，认可度评分为4.28；"纳入教育督导体系"，认可度评分为4.16（图3-3）。

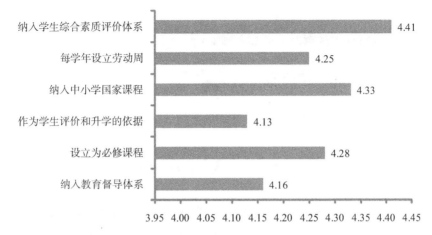

图3-3 教师对劳动教育纳入学校制度建设的态度均值(五分制)

3. 中部地区教师比东西部地区教师更认可劳动教育

从测量指标评分情况来看,无论是东部地区、中部地区还是西部地区,每一个具体指标的评分均高于5分量表的中间值3分。整体来看,中部地区教师对各项指标的评分均高于东部与西部地区。具体来说,东中西部地区教师在承认劳动教育在社会发展的必然性上具有显著差异(F=22.89,Sig=0.000),西部地区评分显著低于其他地区;不同地区教师在认可劳动教育育人功能上存在显著差异(F=19.57,Sig=0.000),西部地区的评分最低;东中西部地区教师在态度上对学校劳动教育实践中应该遵循的规则具有显著差异(F=24.23,Sig=0.000),中部地区评分最高,多重分析结果显示西部与东部地区无显著差异;在学校劳动教育的制度设计(F=63.37,Sig=0.000)与课程规划(F=32.82,Sig=0.000)中存在显著的区域差异,除了中部地区评分最高外,其他地区不存在显著差异;在劳动教育纳入学生综合素质评价的态度上,呈现了显著的地区差异(F=36.85,Sig=0.000),中部地区显著高于东西部地区,西部地区评分最低(图3-4)。

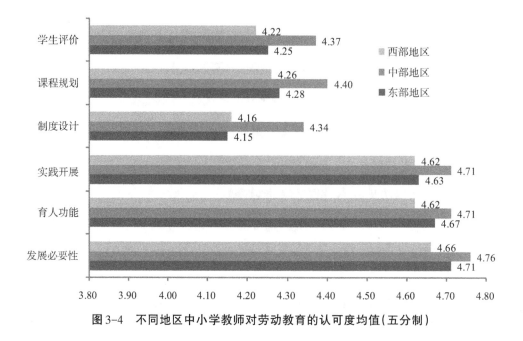

图3-4 不同地区中小学教师对劳动教育的认可度均值(五分制)

4. 城镇学校教师对劳动教育的认可程度高于农村学校教师

从测量指标的评分情况看,无论是城镇学校还是农村学校,每一个具体指标的评分均高于5分量表的中间值3分。整体来看,城镇学校教师对各项指标的评分均显著高于农村学校。其中,无论是城镇学校教师还是农村学校教师,关于劳动教育是社会发展必然趋势的认可度评分最高,在劳动教育纳入学校教育督导体系的认可度评分最低。除此之外,从整体上看,无论是城镇还是农村学校教师,对劳动教育育人价值的认可度评分普遍高于对学校劳动教育制度建设态度的评分。这在一定程度上说明,无论是城镇还是农村学校教师,普遍高度认可劳动教育的重要性,但对其教学实践开展情况的态度有所保留(图3-5)。

5. 小学教师对劳动教育的认同程度低于初高中教师

调研结果显示,整体上来看,各个教育阶段的教师均一致认可发展劳动教育的必要性,认为劳动教育是社会发展的趋势,评分几乎都在4.7分及以上。具体来说,小学教师在发展必要性、制度设计和课程规划三个指标上的评分显著低于初高中教师,包括承认劳动教育是社会发展的趋势(F=9.78,Sig=0.000),将劳动教育纳入学校教育督导体系中(F=30.80,Sig=0.000),将劳动教育纳入中小学必修课程体系(F=16.11,Sig=0.000)。值得注意的是,高中教师高度认可劳动教育发展的必要性,但在课程规划的指标上评分低于其他教育阶段(图3-6)。

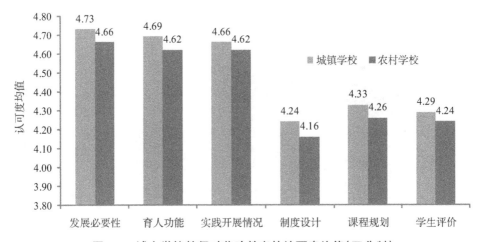

图3-5　城乡学校教师对劳动教育的认可度均值(五分制)

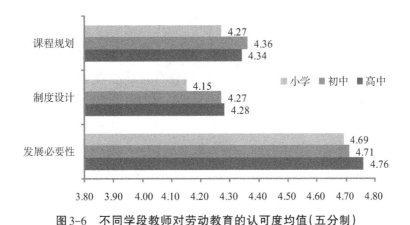

图3-6　不同学段教师对劳动教育的认可度均值(五分制)

6. 拥有较高的学历或工作职位的教师对劳动教育重视程度较高

整体上看,不同学历教师对劳动教育的重视程度呈现显著差异,主要表现为学历越高,对劳动教育认可度的评分越高。多重比较结果显示,大专及以下的学历显著低于本科与研究生学历的评分。具体体现在以下四个指标上:一是承认劳动教育是社会发展趋势上(F=11.95,Sig=0.000),二是认可劳动教育的育人价值上(F=6.73,Sig=0.000);三是将劳动教育纳入学校教育督导体系中(F=12.94,Sig=0.000);四是将劳动教育纳入中小学必修课程中(F=6.87,Sig=0.000)(图3-7)。

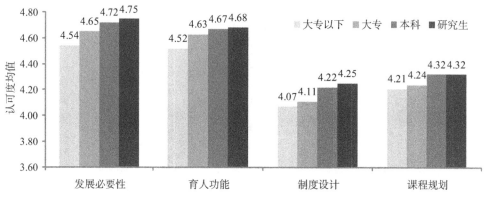

图3-7　不同学历教师对劳动教育的认可度均值(五分制)

从工作职位来看,不同工作职位的人员在测量指标上均存在显著差异,整体上学校领导与普通行政后勤人员的评分均高于科任教师与其他人员的评分。具体来说,不同职位教师对劳动教育符合社会发展要求的认可度(F=17.56,Sig=0.000)、育人功能(F=27.93,Sig=0.000)、应然层面的实践开展(F=8.48,Sig=0.000)、课程规划(F=11.36,Sig=0.000)、学生评价(F=12.93,Sig=0.000)上具有显著差异,且多重比较分析结果显示,学校领导评分显著高于科任教师与其他人员,但与普通行政后勤人员的评分没有显著差异。与此同时,不同职位人员在考虑将劳动教育纳入学校教育督导体系的制度设计上具有显著差异(F=7.45,Sig=0.000),普通行政后勤人员的评分显著高于其他职位的人员。上述结果可能是由于教师和其他工作人员因为职位身份、工作职责与性质的不同,在对劳动教育的认识与态度上存在明显差异。学校领导作为领导者,需要具备一定的视野与政策敏感度,而普通行政后勤人员可能因工作性质与劳动教育存在一定的契合度,体现在认识与态度上,较科任教师与其他人员更为积极(图3-8)。

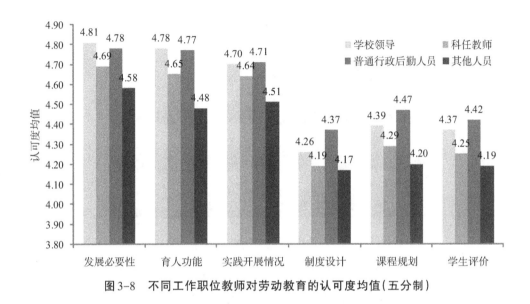

图3-8 不同工作职位教师对劳动教育的认可度均值(五分制)

7. 30周岁以下教师对劳动教育的认可程度普遍低于其他年龄段教师

整体来看,不同年龄段的教师对劳动教育的认识和态度存在显著差异,且30周岁以下年龄段的教师对劳动教育认可度评分在各个维度上均低于其他年龄段的教师,高年龄组的教师整体上评分高于低年龄组的评分。具体来说,在面对将劳动教育纳入学生综合素质评价中,不同年龄组的教师具有显著差异(F=21.43,Sig=0.000),评分随年龄的升高递增。在将劳动教育纳入中小学必修课程体系上,各年龄段教师评分存在显著差异(F=31.56,Sig=0.000),50周岁及以上的评分显著高于青年教师与新教师的评分。在考虑将劳动教育纳入学校教育督导体系的制度设计上,不同年龄组的教师评分存在显著差异(F=7.72,Sig=0.000)。在劳动教育实践开展的应然层面(F=39.06,Sig=0.000)、育人功能(F=66.13,Sig=0.000)与发展必要性上(F=45.95,Sig=0.000),各个年龄组的教师评分存在显著差异,且41~50周岁教师评分显著高于其他年龄段教师评分,30周岁以下教师评分显著低于其他年龄段教师评分(图3-9)。

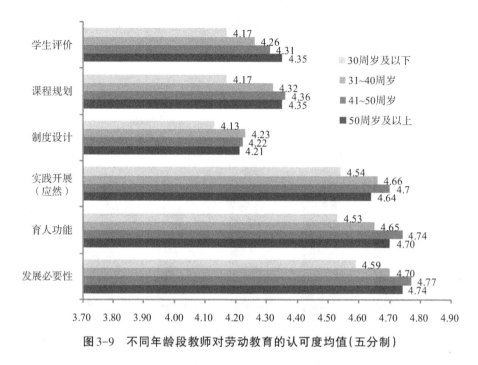

图3-9 不同年龄段教师对劳动教育的认可度均值(五分制)

二、我国中小学劳动教育实施情况分析

1. 整体情况

调查显示,超过一半的教师认为当前学校劳动教育的实施效果一般,13.95%的教师认为学校劳动教育实施效果差甚至很差,只有27.90%的教师对学校劳动教育实施效果持积极评价。总体来说,大部分教师对当前学校劳动教育的实施情况持中等水平的评价(图3-10)。

除此之外,在进行"学校劳动教育过去相当长时间受到忽视和被边缘化"问题的调查中,30.10%的教师非常认同学校劳动教育在过去相当长一段时间受到忽视与被边缘化,24.54%的教师表示比较认同学校劳动教育遭到"排挤",不认同的教师群体仅占16.41%,28.95%的教师则表示这一现象没有那么严重(图3-11)。

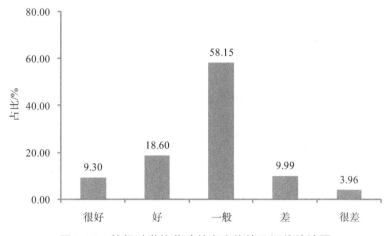

图 3-10　教师对学校劳动教育实施情况评价统计图

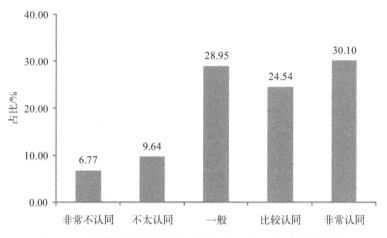

图 3-11　教师对学校劳动教育被边缘化的认同情况统计图

　　在对中小学生无视劳动的看法上,20.33%的教师反映学生不珍惜劳动成果、不想劳动、不会劳动的现象很严重,41.23%的教师认为学生不珍惜劳动成果、不想劳动、不会劳动的现象比较严重,只有11.91%的教师认为这一现象不太严重和不严重(图3-12)。

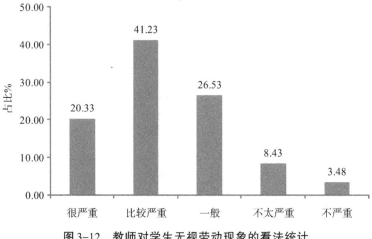

图3-12 教师对学生无视劳动现象的看法统计

在对学校是否有必要每学年设立劳动周的态度上,只有4.25%的教师表示没有必要每学年设立劳动周,32.92%的教师表示有必要在每学年设立劳动周,48.89%的教师认为非常有必要在每学年设立劳动周(图3-13)。

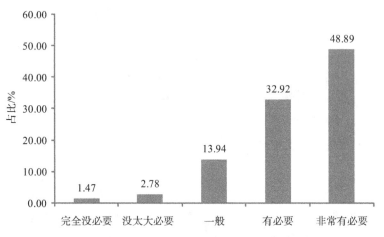

图3-13 教师对学校是否有必要每年设立劳动周的态度统计

就劳动周的实施现状来说,63.79%的教师明确指出所在学校并未在每学年设立劳动周,13.10%的教师表示不清楚学校是否在每学年设立了劳动周,只有23.11%的教师明确表示学校在每学年设立了劳动周(图3-14)。

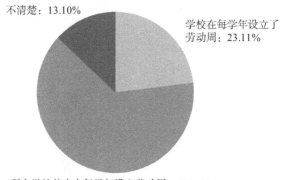

图3-14　教师对学校每学年设立劳动周知情状况统计

就当前我国学校劳动教育实施现状存在的问题,近一半教师指出缺乏整体规划是当前学校劳动教育最大的问题,包括:专业教师队伍的缺乏(21.86%)、基本条件保障不足(17.56%)、时间被挤占(15.16%)、教学方法不合理(1.27%)、劳动教育缺乏整体规划(44.15%)(图3-15)。

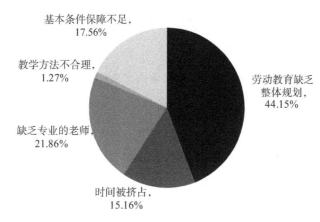

图3-15　学校劳动教育存在的问题统计

就学校劳动教育边缘化问题,36.47%的教师认为家庭不重视是当前学校劳动教育被边缘化的最主要原因;接近一半的教师认为学校因素是主因,如相关课程体系缺乏(24.05%)、未将劳动教育纳入考试评价体系(23.01%);家庭不重视(36.47%)、社会支持力度不够(16.47%)(图3-16)。

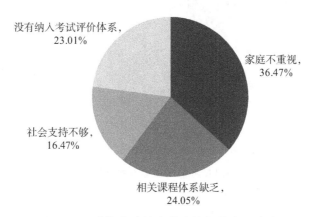

图3-16 学校劳动教育被边缘化的主因统计

2. 中部地区劳动教育实施情况优于东、西部地区

从地区差异来看,当前我国学校劳动教育的总体实施效果存在显著的地区差异(卡方检验中Sig值为0.000),中部地区实施效果整体优于东西部地区,中部地区中有32.29%的教师认为学校劳动教育的实施效果好,这一比例在东、西部地区不足30%(图3-17)。

不仅如此,从不同区域学生对劳动教育的态度、认知与表现情况看,中部地区学校中学生不珍惜劳动成果、不想劳动、不会劳动的现象严重程度低于东、西部地区。

调查显示,东、西部地区有超过六成的教师认为学校中存在较多的学生不珍惜劳动成果、不想劳动、不会劳动的现象,这一比例在中部地区不足六成(图3-18)。

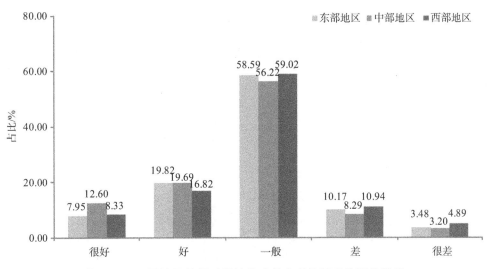

图3-17　不同地区教师对学校劳动教育实施情况的评价统计

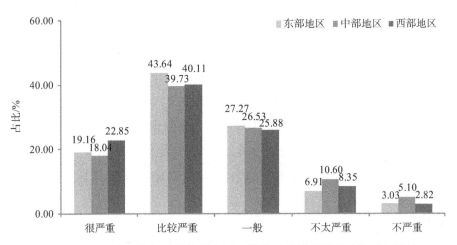

图3-18　不同地区教师对学校学生不珍惜劳动成果严重程度的感知统计

3．中学劳动教育的实施效果不如小学

我国学校劳动教育的总体实施效果存在显著的学段差异（卡方检验中 Sig 值为 0.000），中学劳动教育的实施效果不如小学。调查显示，超过三成的小学教师对学校劳动教育的实施效果持积极评价（包括"好"与"很好"两种程度），这一比例在初中为 22.49%，在高中仅为 17.97%（图3-19）。

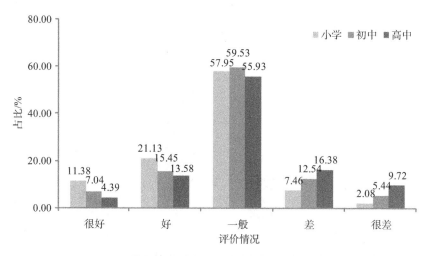

图3-19 不同学段教师对学校劳动教育实施情况的评价统计

从不同学段学生对劳动教育的态度、认知与表现情况看,中学生的情况不容乐观。调查显示,七成以上的中学教师认为学生存在严重的不珍惜劳动成果、不想劳动、不会劳动的现象,这一比例在小学为54.04%。这与我国当前教育现状相关,相较之下,小学阶段更强调学生的综合素质评价,初高中尤其是高中阶段,学校教育侧重于以高考为导向的学业评价(图3-20)。

4. 农村学校相比城镇学校较少有不珍惜劳动成果等现象

我国学校劳动教育的总体实施效果存在显著的城乡差异。整体来说,27.72%的城镇学校教师肯定了学校劳动教育的实施效果(包括"好"与"很好"两种程度),28.16%的农村学校教师肯定了学校劳动教育的实施效果(包括"好"与"很好"两种程度),这一比例在数值上看差异并不明显,但卡方检验中Sig值为0.000,在统计学上存在显著差异。究其原因,源于城乡教师在对其所在学校劳动教育实施效果评价过程中所持标准与理念不同(图3-21)。

除此之外,从城乡学生对劳动教育的态度、认知与表现情况来看,六成以上的城镇教师发现学生存在很严重、比较严重不珍惜劳动成果、不想劳动、不会劳动的现象,这一比例在农村为58.44%(图3-22)。总体来看,在对劳动教育的态度上,农村学生略好于城镇学生。

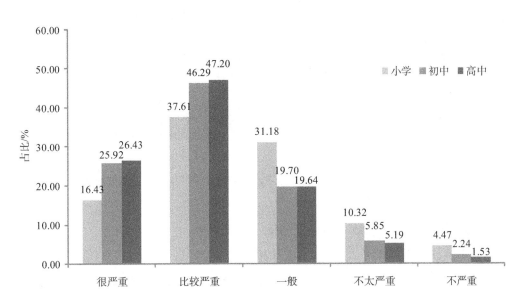

图3-20　不同学段教师对学校学生不珍惜劳动成果严重程度的感知统计

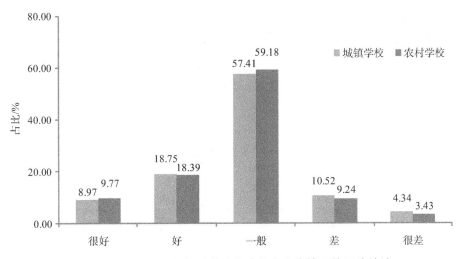

图3-21　城乡学校教师对学校劳动教育实施情况的评价统计

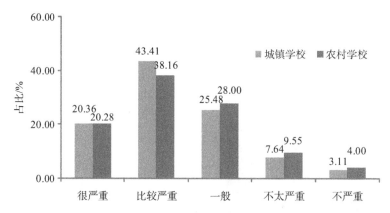

图3-22　城乡教师对学校学生不珍惜劳动成果严重程度的感知统计

5. 民办学校实施效果整体上略优于公办学校

我国学校劳动教育的总体实施效果在公办与民办学校之间存在显著差异（Sig=0.000）。调查显示,近四成的民办学校教师对所在学校劳动教育的实施效果持积极态度,这一比例在公办学校仅为27.47%。此外,学生不珍惜劳动成果、不想劳动、不会劳动的现象在学校性质上不存在显著差异（Sig=0.053＞0.05）（图3-23）。

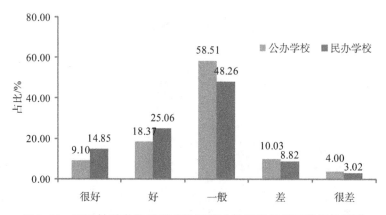

图3-23　不同性质学校教师对学校劳动教育实施情况的评价统计

三、新时代我国中小学劳动教育的问题分析

1. 理论认知与实践行动存在脱节

劳动教育是学校教育的重要任务之一。我国教育方针中早有"教育与生产劳动相结合"的表述,这也是我国基础教育领域广受认可的人才培养目标。以往教育实践中,相对于"德智体美",学校对劳动教育的重视程度不足,导致劳动教育形同虚设,劳动课长期面临可有可无的尴尬局面❶。本书中的研究调查显示,现阶段大部分教师对国家新时代劳动教育政策普遍较为了解,并认可劳动教育的育人价值,赞同劳动教育尤其是创造性劳动教育是社会发展的必然趋势,对学生全面发展具有正向的帮助作用。此外,绝大部分教师都认为学校教育实践中理应重视劳动教育,如依据学生身心发展规律设置相应的教学内容,在其他课程教学中渗透,保障每周的课时数等。这表明随着新时代劳动教育政策的提出,教师对劳动教育的重视程度和理论认识得到了提高。然而,教师对学校劳动教育在制度化建设上尚存顾虑,认为将劳动教育评价结果作为学生评优评先和升学依据有待商榷,可能是出于担心这样会促使学生对劳动教育的学习出现功利化倾向,从而违背了劳动教育的育人初衷。

2. 劳动教育"三化"现象依然存在

一直以来,劳动教育存在在学校中被弱化、在家庭中被软化、在社会中被淡化(简称"三化")的现象。具体表现为中小学生劳动机会减少、轻视劳动、不会劳动、不珍惜劳动成果的现象,这一现象也在调查中得到印证,即多数教师认为劳动教育的"三化"现象依然存在,具体表现在学校缺乏顶层设计与统筹规划,存在压缩或挤占劳动教育课时数、专业师资队伍缺乏等问题。由此可见,以往劳动课只反映在课表上,被学科教学或自由活动代替的现象仍屡见不鲜,学校劳动教育的发展实践仍存在"口头上重视,行动上忽视"的现象。

究其原因,首先,多数教师认为家庭对劳动教育的不支持与不重视是造成这一现象的原因。一方面现在的孩子多为独生子女,"小皇帝""小公主"式的教养方式下,父母舍不得子女吃苦受累;另一方面基于现实考量,面对女子的

---

❶ 吴颖惠.有必要重提劳动教育的价值[N].中国教育报,2015-12-25(2).

升学压力,父母不忍让孩子因为暂时"无用"的生活技能浪费时间❶。其次,学校方面缺乏系统的课程规划与劳动教育评价体系。课程体系作为一个学校的核心育人载体,进入这一载体方可意味着进入学校的主流业务❷,但当前劳动教育尚未真正进入这一载体中。最后,家校双方也并未形成共同体,使得劳动教育课程推进效率低下,处境尴尬,家校之间的问题没有得到有效解决,进而也很难获取较好社会支持。

3. 劳动教育实践具有学段、区域与校际差异

调查显示,教师对劳动教育的认知情况,因年龄段、地区、学历与职位、学段而不同。具体来说,低年龄段教师群体的认知程度不如中高年龄段教师,中部地区认知程度高于东、西部地区,城镇教师认知程度高于农村教师,学历或职位较高的教师认知程度较高,小学教师的认知程度低于初高中教师。但在具体实践中,中部地区劳动教育实施情况优于东、西部地区,农村学校较少有不珍惜劳动的现象,小学劳动教育的实施效果好于其他学段。由此可见,我国劳动教育实践中具有学段、区域和校际特征,低学段教师认知程度不高但实践效果较好;中部地区认知程度与实践效果均好于其他地区;农村教师认知程度不突出但较少存在不珍惜劳动的现象。

四、我国中小学落实劳动教育政策情况分析

1. 教育教学课程开设流于形式,师资薄弱较为突出

在调查样本中,七成以上的学校基本已开设了不同类型的以劳动教育为内容的专门课程,其中以校本课程(34.48%)、地方课程(20.53%)为主,国家课程(10.99%)与个性化课程(7.58%)比例较小(图3-24)。没有开设专门课程的只有26.42%。

---

❶ 张永生. 劳动,教育中不可或缺的一课[N]. 安徽日报,2018-07-31(5).

❷ 王凯. 劳动教育为孩子的一生打好底色[N]. 中国教育报,2017-09-08(2).

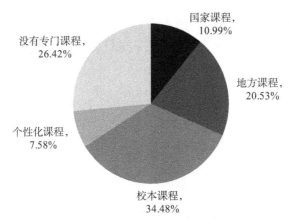

图3-24　学校劳动教育课程开设方式统计

然而,劳动教育课程开设普遍存在被挤占的情况。调查显示,多数学校在具体的教学实践中在不同程度上存在挤占挪用劳动教育时间的现象,从未挤占挪用劳动教育时间的仅为13.73%,35.76%的教师反映学校经常性挤占挪用劳动教育时间(包括"很普遍"和"普遍"两种程度),32.40%的教师表示学校挤占挪用学生劳动教育时间的现象较轻(表现为"一般"程度),18.11%的教师表示学校很少挤占挪用学生劳动教育时间(图3-25)。

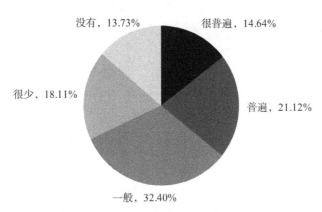

图3-25　学校挤占挪用劳动教育时间情况统计

此外,四成以上的学校中没有劳动教育的实践场所,69.62%的学校没有配置劳动教育的专职教师(图3-26、图3-27)。总体来看,学校劳动与技术课程经常被占用,师资、场地、经费缺乏,劳动教育无计划、无考核;有的把劳动当惩罚手段,劳动多教育少,忽视劳动观念和劳动习惯培养。在这种情况下,近年来我国中小学劳动教育课程实施受到较大程度削弱。

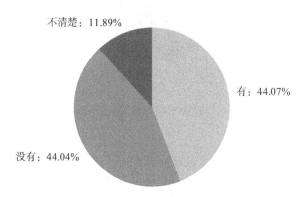

图3-26　劳动教育实践场所情况统计

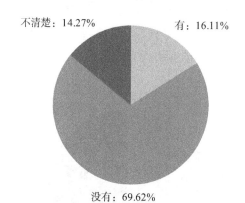

图3-27　劳动教育教师配置情况统计

具体来说,随着学段的升高,学校教育实践中挤占挪用学生劳动教育时间的现象增多。调查显示,28.44%小学教育实践中存在挤占挪用学生劳动教育时间的现象,这一比例在初中为43.58%,在高中高达53.27%(图3-28)。

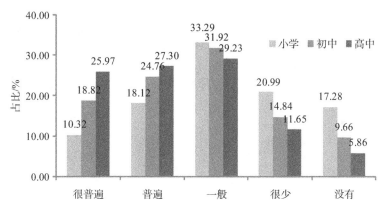

图3-28　不同学段学校挤占挪用劳动教育时间情况统计

随着学段的升高,专门为劳动教育开设实践场所的比例逐渐降低。在为学生开设相应的劳动实践场所中,调查样本中48.14%的小学已开设专门场所,这一比例在初中为38.46%,在高中为37.22%(图3-29)。

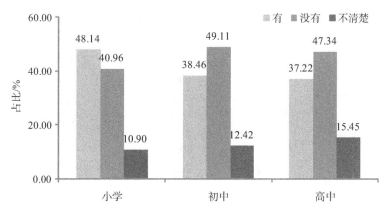

图3-29　不同学段学校专门为劳动教育开设实践场所情况统计

随着学段的升高,进行劳动安全教育的比例逐渐降低。调查显示,70.61%的小学已开设劳动安全教育方面的课程,这一比例在初中降至55.72%,在高中为46.80%(图3-30)。

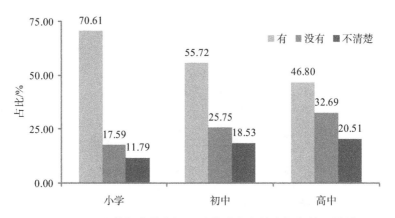

图3-30　不同学段学校专门开设劳动安全教育课程情况统计

随着学段的升高,设有专职的劳动教育教师。调查显示,21.36%的初中设有专职的劳动教育教学教师,这一比例在小学为14.34%,在高中为12.72%(图3-31)。

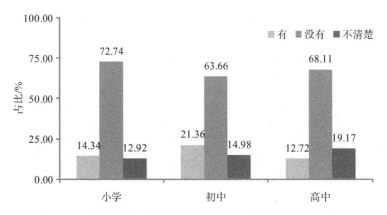

图3-31　不同学段学校设置专职的劳动教育教师情况统计

从学校性质来看,民办学校劳动教育的实施效果略好于公办学校。调查样本中,43.76%的公办学校设置有专门的劳动实践场所,这一比例在民办学校为52.67%。16.02%的公办学校配有专职的劳动教育教学教师,这一比例在民办学校为18.56%。然而,从学校进行劳动安全教育的角度来说,公办学校(63.64%)对劳动安全教育的落实情况要好于民办学校(59.40%)。

从学校所在区域来看,除了在劳动教育教学时间上中部地区落实到位外,东部地区在教育场所、师资配置与教学内容上均好于中西部地区。在调查样本中,东部地区学校中有36.54%的学校存在挤占挪用学生劳动教育时间的现象,这一比例在中西部地区分别为32.76%和37.02%,中部地区对劳动教育教学时间的落实情况好于东西部地区。其次,东部地区学校中46.52%的学校设有学生劳动实践的场所,这一比例在中西部地区分别为40.61%和44.19%,东部地区在实践场所设置上落实较好。在师资配置上,东部地区学校中有18.57%的学校设有专门的劳动教育教学教师,这一比例在中西部地区分别为13.3%和15.81%。在教学内容上,东部地区学校中有66.49%的学校进行了劳动教育安全方面的教育,这一比例在中西部地区分别为58.34%和64.24%。由此可见,中部地区在教育场所、师资配置、教学内容上的落实效果均不如东西部地区。

此外,城镇学校在教学时间和师资配置上好于农村学校,农村学校在教育场所与劳动安全教育上好于城镇学校。调查显示,37.6%的城镇学校存在挤占挪用学生劳动教育时间的现象,这一比例在农村学校为33.16%。在教育场所上,43.01%城镇学校设有专门的学生劳动实践场所,农村学校这一比例为45.57%。在师资配置上,17.76%的城镇学校设有专门的劳动教育教学的教师,农村学校这一比例为13.80%。在教学内容上,61.04%的城镇学校进行了劳动安全方面的教育,这一比例在农村学校为66.94%。

2. 学校内部宣传落实较好,家庭发挥作用优于企业工厂

学校劳动教育内外保障主要表现在学校内部宣传频次、家庭支持与企业工厂支持上。首先,从学校宣传度上来看,所调查样本中,只有三成多的学校经常性地宣传辛勤劳动、诚实劳动、创造性劳动的典型人物和事迹,大部分学校宣传频次一般(45.78%),16.70%的学校不经常进行宣传,6.43%的学校没有任何宣传措施(图3-32)。总体来看,学校对劳动教育的宣传工作开展整体上比较到位。

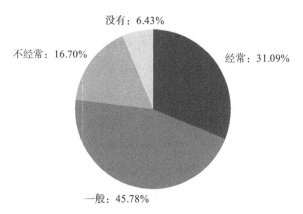

图 3-32　学校劳动教育宣传频次统计

　　从家庭支持方面看,在所调查的教师样本中,认为家庭作用发挥了积极效果的占比为39.96%(包括"好"与"很好"两个程度),44.75%的教师认为家庭在学校劳动教育中所发挥的效果一般,10.89%的教师认为家庭在学校劳动教育开展过程中发挥的效果较差,4.4%的教师认为家庭发挥的作用不大(图3-33)。这与当前学校劳动教育开展现状有关,劳动教育并未真正引起校方的重视,这种情况下争取家庭的支持便无从谈起。家庭在学校劳动教育中的支持作用总体一般。

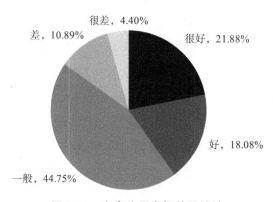

图 3-33　家庭作用发挥效果统计

　　从争取社会资源支持上看,在所调查的教师样本中,认为企业工厂发挥积

极作用的占比为14.13%,48.85%认为效果一般,不认可企业工厂发挥作用的占
比37.02%(图3-34)。对比上述教师对家庭在劳动教育中实施效果的评估而
言,教师对家庭作用实施效果的预判较好于企业工厂发挥的作用。由此可见,
如何在开设好校内劳动教育实践的基础上,争取家庭与社会力量的支持,切实
发挥好家庭、企业与工厂在学校劳动教育实践中的作用,是未来加强学校劳动
教育需要重点考虑的问题。

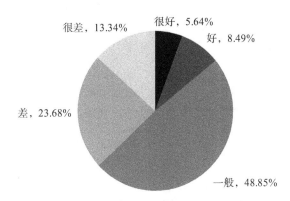

图3-34 企业工厂作用发挥效果统计

具体来说,家庭支持效果的评分在各个学校类型上均高于企业支持效
果,家庭与企业等校外支持效果在学校层级、区域和学段上存在显著性差异。
差异分析结果显示,民办学校在校外支持效果的评分显著高于公办学校
(表3-3)。

表3-3 家庭与企业等外界支持效果在学校类别上的差异性分析

支持方	M+SD		t
	公办学校(N=11783)	民办学校(N=431)	
家庭支持	3.41+1.08	3.66+1.07	-4.70***
企业工厂支持	2.69+0.99	2.91+1.02	-4.48***

注:***表示p<0.001。

家庭与企业等外界支持效果存在显著的区域差异(表3-4)。多重比较

结果显示,在家庭支持效果上,东部地区评分显著高于西部地区,中部地区评分最低;在企业工厂支持效果上,西部地区评分显著低于中东部地区(表3-5)。

表3-4 家庭与企业等外界支持效果在区域上的差异性分析

支持方	M+SD			sig
	东部(N=4228)	中部(N=3159)	西部(N=4827)	
家庭支持	3.51+1.07	3.33+1.06	3.40+1.09	***
企业工厂支持	2.78+1.01	2.79+0.96	2.56+0.98	***

注:***表示$p<0.001$。

表3-5 区域差异的多重比较

支持方	地区	东部	中部	西部
家庭支持	东部	—	—	—
	中部	0.18***	—	—
	西部	0.11***	−0.07**	—
企业工厂支持	东部	—	—	—
	中部	−0.02	—	—
	西部	0.22***	0.23***	—

注:**表示$p<0.01$,***表示$p<0.001$。

家庭与企业等外界支持效果存在显著的学段差异(表3-6)。多重比较结果显示,无论是在家庭支持效果还是企业工厂支持效果上,小学评分均显著高于初中与高中(表3-7)。

表3-6 家庭与企业等外界支持效果在学段上的差异性分析

支持方	M+SD			sig
	小学(N=7275)	初中(N=3437)	高中(N=1502)	
家庭支持	3.50+1.05	3.28+1.11	3.36+1.11	***
企业工厂支持	2.78+0.97	2.57+1.01	2.58+1.01	***

注:***表示$p<0.001$。

表3-7 学段差异的多重比较

支持方	学段	小学	初中	高中
家庭支持	小学	—	—	—
	初中	0.22***	—	—
	高中	0.14***	−0.08*	—
企业工厂支持	小学	—	—	—
	初中	0.21***	—	—
	高中	0.20***	−0.02	—

注:*表示$p<0.05$,***表示$p<0.001$。

学校劳动教育的宣传频次存在显著的区域、学段与办学性质的差异(表3-8)。相较之下,中部地区的宣传频次显著高于东西部地区;小学的宣传频次显著高于初高中;民办学校的宣传频次显著高于公办学校。

表3-8 学校劳动教育宣传频次差异性统计表

类型		经常	一般	不经常	没有	Sig(双侧)
区域	东部	1297(30.68%)	1970(46.59%)	719(17.01%)	242(5.72%)	0.000
	中部	1083(34.28%)	1419(44.92%)	469(14.85%)	188(5.95%)	
	西部	1417(29.36%)	2203(45.64%)	852(17.65%)	355(7.35%)	
学段	小学	2655(36.49%)	3334(45.83%)	975(13.40%)	311(4.27%)	0.000
	初中	832(24.21%)	1576(45.85%)	712(20.72%)	317(9.22%)	
	高中	310(20.64%)	682(45.41%)	353(23.50%)	157(10.45%)	
性质	公办	3639(30.88%)	5410(45.91%)	1982(16.82%)	752(6.38%)	0.023
	民办	158(36.66%)	182(42.23%)	58(13.46%)	33(7.66%)	

3.专项资金投入力度较小且存在校际差异

近一半教师指出所在学校没有投入专门的资金用于劳动教育,三成以上的教师不清楚学校在劳动教育上有无专项资金投入(图3-35),这在一定程度上也说明学校在落实劳动教育的过程中存在宣传不到位的问题,致使部分学校教师根本不清楚学校的相关举措。不同区域和类型的学校存在显著差异（表3-9）。具体来说，中部地区相比东西部地区，没有资金投入的比例最小，但学校教师不清楚有无专项资金投入的比例占到了42.67%，远高于东西部地区，城镇学校明确知道学校有专项资金投入的比例（17.12%）高于农村学校（15.60%）。小学明确表示学校有专项资金投入的比例（17.97%）高于初中（14.98%）与高中（12.78%）。民办学校明确表示学校有专项资金投入的比例（22.27%）高于公办学校（16.28%）。

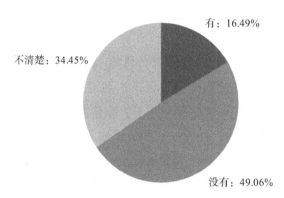

有：16.49%
不清楚：34.45%
没有：49.06%

图3-35　学校有无专项资金投入的总体统计

表3-9　学校有无专项资金投入的差异统计表

类型		有	没有	不清楚	Sig（双侧）
区域	东部	831（19.65%）	1965（46.48%）	1432（33.87%）	0.000
	中部	430（13.61%）	1381（43.72%）	1348（42.67%）	
	西部	753（15.60%）	2646（54.82%）	1428（29.58%）	
城乡	城镇	1222（17.12%）	3216（45.07%）	2698（37.81%）	0.000
	农村	792（15.60%）	2776（54.67%）	1510（29.74%）	
学段	小学	1307（17.97%）	3496（48.05%）	2427（33.98%）	0.000
	初中	515（14.98%）	1722（50.10%）	1200（34.91%）	
	高中	192（12.78%）	774（51.53%）	536（35.69%）	
性质	公办	1918（16.28%）	5804（49.26%）	4061（34.46%）	0.003
	民办	96（22.27%）	188（43.62%）	147（34.11%）	

五、对劳动教育政策落实预期的调查分析

1. 多数教师对政策效果持积极态度，教育主管部门应发挥主力作用

调查样本中，七成以上的教师对劳动教育政策持积极态度，其中，43.03% 的教师认为劳动教育政策对学校劳动教育的开展具有一定作用，30.38% 的教师认为劳动教育政策能够加快推进学校劳动教育；超过四分之一的教师对劳动教育政策实施效果持中立态度，其中，11.03% 的教师认为该政策的实施效果暂时不好说，14.58% 的教师认为该政策对学校劳动教育的开展效果一般；0.98% 的教师对劳动教育政策的实施效果持消极态度，认为劳动教育政策不能推进劳动教育（图3-36）。

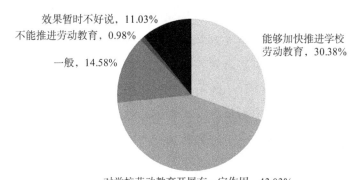

图3-36 教师对劳动教育政策实施效果预期情况统计

与此同时，教师对劳动教育政策落实关键主体的看法中，排名前三的分别是教育主管部门（35.74%）、学校（21.87%）、各级政府（19.72%），家庭占比14.68%，社会占比7.99%。可见，教师普遍认为上级部门与学校理应成为劳动教育政策落实的关键主体，家庭与社会发挥辅助性的作用（图3-37）。

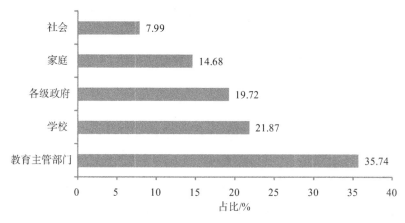

图3-37　教师对劳动教育政策落实关键主体的态度情况统计

2. 服务日常生活，开展家校共育应是学校劳动教育的着力点

调查显示，38.85%的教师认为学校最需要开展的工作，是加强家校合作形成教育合力；34.29%的教师认为做好劳动教育整体规划部署，是学校开展劳动教育最需要开展的工作；14.11%的教师认为争取社会资源支持，是学校最需开展的工作；12.75%的教师认为加强专业教师队伍建设，是学校最须考虑开展的工作内容（图3-38）。由此可见，教师普遍认为争取家庭支持、校方做好系统部署，是学校劳动教育开展最须着力的方向。

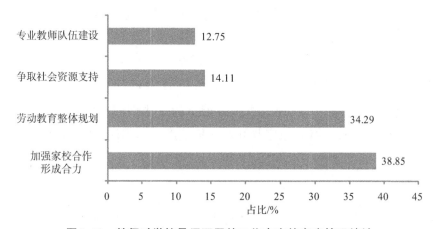

图3-38　教师对学校最须开展的工作内容的态度情况统计

此外,在学校最应开展的劳动教育内容上,六成以上的教师认为应加强日常生活的劳动,如家务劳动技能等;23.02%的教师认为是服务性劳动,如服务业及社区服务、志愿活动等;13.16%的教师认为是生产劳动,即用于社会生产的技能等是学校劳动教育最应开展的学习内容(图3-39)。由此可见,多数教师认为服务于日常的生活劳动,是学校劳动教育优先考虑的内容,这在一定程度上也有益于争取家庭支持,便于进一步开展与推广劳动教育。

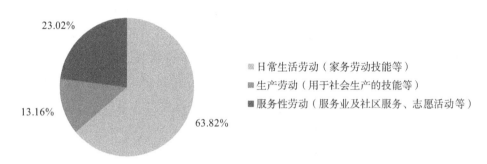

23.02%

13.16%

63.82%

■ 日常生活劳动（家务劳动技能等）
■ 生产劳动（用于社会生产的技能等）
■ 服务性劳动（服务业及社区服务、志愿活动等）

图3-39　教师对学校最应开展的劳动教育内容的态度统计

3. 劳动教育与升学考试挂钩须警惕功利化倾向

调查显示,38.10%的教师认为将劳动教育与考试升学挂钩,会使孩子在参与劳动教育的过程中出现功利化,24.66%的教师担心会存在弄虚作假现象,21.31%的教师认为这样无法做到客观评价,15.93%的教师认为会增加教师工作负担。由此可见,若将劳动教育评价纳入学生考试升学内容中,教师们普遍担心出现功利化倾向,从而违背劳动教育的初衷(图3-40)。

21.31%

15.93%

24.66%

38.10%

■ 增加教师工作负担　　　　　■ 会存在弄虚作假现象
■ 孩子参与劳动教育会出现功利化 ■ 做不到客观评价

图3-40　将劳动教育与考试升学挂钩的教师态度统计

第三节 我国中小学劳动教育调研结果讨论

基于上文统计分析结果,当前我国劳动教育发展呈现以下三个特征:第一,中小学对劳动教育的理论认知与实践行动脱节。结果显示,绝大多数教师对劳动教育的理论认识与重视程度已有了较大的提升,但在具体教育教学实践中态度仍有所保留。第二,我国中小学校对劳动教育政策落实不到位。具体表现在劳动教育资源开发与实践存在区域与校际差异,如教育教学表面化、校外支持与资金投入力度小,未形成学校、家庭、社会三位一体的教育合力。第三,我国中小学教师对劳动教育政策实施效果多持乐观态度,但也在未来建设上提出思考,认为教育行政部门应发挥主力作用,家庭积极配合学校教育工作的开展,以及警惕对劳动教育结果功利化评价带来的不利影响。针对上述调查结果,本节结合前述分析,尝试从教育方针、学校教育实践、社会观念上进行剖析。

一、教育方针与政策取得显著成效

1. 长期坚持的教育方针初显成效

教育与生产劳动相结合,是中国特色社会主义教育理论与实践相结合的重要内容,也是党的教育方针长期坚持的目标,这在很大程度上影响了教师对劳动教育的认知与重视程度。1995年,《教育法》规定"教育必须与生产劳动相结合"。2015年,这一表述修改为"教育必须与生产劳动和社会实践相结合"。在2001年开始的新课程改革中,劳动教育被纳入综合实践活动这一新的必修课程中。在党的教育方针的指引下,学术界对劳动教育内涵、特点、作用、如何发展等问题进行了充分的讨论,产生了丰富的理论研究成果,一定程度上提高了教师对劳动教育的思想觉悟。

2. 新形势下政策倡导发挥积极作用

教育政策的倡导对于教育实践的开展具有重要的指引作用。为构建德智体美劳全面培养的教育体系,2020年3月,中共中央、国务院出台《意见》,让劳动教育再次成为领域教育的热点话题。《意见》重申新时代劳动教育的重要意义,指出劳动教育是中国特色社会主义教育制度的重要内容,直接决定着社会主义建设者和接班人的劳动精神面貌、劳动价值取向和劳动技能水平。不仅如此,《意见》对劳动教育在发展过程中应当遵循的指导思想、秉持的基本原则、教育体系的构建、劳动教育实践活动的开展、支撑保障能力的提升、组织实施的加强均提出了全面系统的规定与要求,为现阶段劳动教育的发展提供了政策依据、政策的宣介,深化了教师对劳动教育的了解、认知与重视。正如本书研究调查显示,绝大多数中小学教师高度认可劳动教育的育人价值,支持将其纳入学校教育体系中。

二、学校劳动教育体系建设相对滞后

1. 缺乏针对劳动教育课程的系统设计

课程是学生得以成长成才的基础,是落实劳动教育的重要载体。体现新时代特征的、系统科学的劳动教育课程开发与设计,是劳动教育在学校教育实践中得以有效开展的重要保障。因此,积极开发与设计新时代劳动教育课程体系,能够增加劳动教育的实效性。然而,当前我国中小学教学实践中,劳动教育并未真正进入学校课堂教学之中,多数学校虽然开设了不同类型的以劳动教育为内容的专门课程,但多忽视对学生劳动意识、劳动精神的培养与劳动技能的训练,尚未真正将劳动教育课程纳入中小学课程体系中,对其进行整体设计、科学规划,缺乏精选的适切性的劳动教育内容、合理的劳动教育方法以及科学的劳动教育评价体系,致使劳动教育课程在实践过程中被弱化与边缘化。

2. 近七成学校没有专门劳动教育教师

教师是课堂教学的主要实施者,专业的劳动师资指导,对于劳动教育课程科学、合理、有效地开展具有基础性的作用。劳动教育的课程化建设对教师的专业能力提出了更高的要求。劳动教育并非学校已有课程的简单叠加,应是与其他课程相互补充、相互渗透,需要教师具有专业素养与指导能力。然而,本研究调查显示,近七成学校教育中没有配置劳动教育的专职教师。目前,我国大多数学校在劳动教育的师资配备上,普遍采用以下三种方式:专门安排一位教师负责全校学生劳动教育的实施指导;由班主任或其他科任教师兼任;规定所有教师都要担任劳动教育任务。上述三种师资配备方式或是缺乏专业的指导能力,或是将劳动教育视为副科,或是人人参与导致无人负责❶。此外,校方也未面向教师开展定期的以劳动教育为主题的培训。

3. 缺乏科学的评价与督导体系

科学的评价体系与完善的督导体系,对劳动教育实施发挥着重要的价值引导与质量监督作用。调查发现,多数教师在理论上支持将劳动教育评价结果纳入学生综合素质评价中,但担心将劳动教育与升学考试挂钩后引发学生学习的功利化倾向,违背劳动教育的发展初衷。总体来看,我国中小学劳动教育存在评价体系不健全、评价目的不明确、评价方式不科学等问题。因此,教育主管部门无法及时了解与落实学校劳动教育的开展情况,难以实行有效的教育督导,客观上造成劳动课只出现在课表上、课时被压缩等形式化与表面化现象。对学校而言,学校管理者难以评测自身劳动教育实施效果,教师在授课与评价过程中,缺乏统一标准来客观评判学生的劳动体验与收获。这种缺乏科学评价与督导体系的现状,客观上使我国学校劳动教育的开展难以真正发挥实效。

4. 教学资源配置不完备不均衡

完备均衡的教学资源配置是促进学校教育教学活动有效开展的重要基础。研究调查显示,我国大部分学校劳动教育没有专门的实践场所,专项资金投入力度较小,实践发展中存在明显的区域、城乡与校际差异。学校教学资源的配置与其所处地方社会经济文化发展水平密切相关,整体上我国中东部与城市社会经济文化发展水平优于西部与农村地区,教学资源的配置相较来说更为完善。值得注意的是,中部地区劳动教育的实施效果优于东西部地区,这很大程度上与劳动教育服务于社会生产生活有关。此外,由于当前劳动教育的课程开展形式多以校本课程与地方课程为主,这种课程类型在一定程度上更适合具有更多自主性与灵活性的低学段学校与民办学校,因而这类学校劳动教育的实施效果相对较好。

---

❶ 王清涛. 中小学劳动教育课程化:价值意蕴、现实困境与路径选择[J]. 教育导刊,2020(4):21-27.

三、重智育轻劳动的传统观念仍根深蒂固

1. 对劳动教育的认识存在偏差

有研究显示,在具体教育实践中,劳动教育仍被狭义或片面地理解为一种技能学习与训练,这种对劳动教育内涵认识的不到位,使得劳动教育在学校教育中难以真正发挥实效。在现实的教育情境中,劳动教育在许多地方"名存实亡",将劳动教育视为体力劳动或"劳动改造",这种对劳动教育的误解,以及"重学业轻劳动""重脑力劳动轻体力劳动"的教育理念,客观上使劳动教育在教育实践中无法发挥应有的积极作用,反而会造成家长、教师的误解。[1]在生产力高速发展的当代社会,劳动形态的不断更迭已是常态,劳动教育也需保持开放的姿态,根据社会发展不断更新其内涵与目标。从实践来看,劳动教育不能简单等同于开设一门家政、烹饪、手工、园艺等选修课程,更不能等同于参加简单的校内劳动,更重要的是在劳动过程中理解劳动的意义和价值,进而形成热爱劳动的良好习惯,做到知行合一。[2]这是新时代赋予劳动教育的内涵与目标,亟须在教育教学实践中得到正确对待与落实。

2. 应试教育的压力导致实践中的忽视

劳动教育原本是学校教育的重要任务之一。但在教育实践中,面对应试教育的压力,学校对劳动教育的重视程度极其不够,尤其是在面对升学压力的初中与高中阶段。一方面由于社会各界在升学指挥棒作用下"唯考是从",另一方面由于受到"学而优则仕"的传统观念束缚,"脑力劳动优于体力劳动"的传统思想根深蒂固。这种对应试教育压力的追捧与对劳动教育价值的贬低,客观上促使社会各界很难重视劳动教育,致使劳动教育在各级各类教育实践中形同虚设,长期处于可有可无的尴尬境地,即理论上的认可、实践上的弱化,口头上的重视、课程上的淡化。[3]

---

[1] 汉江风. 变味的劳动教育[N]. 光明日报,2003-05-30.

[2] 吴颖惠. 有必要重提劳动教育的价值[N]. 中国教育报,2015-12-25(2).

[3] 徐长发. 新时代劳动教育再发展的逻辑[J]. 教育研究,2018,39(11):12-17.

第四节 对策建议

基于调研,发现了当前我国中小学劳动教育实施过程中存在的问题和不足。为更好地落实中央文件精神和有关政策,全面加强中小学劳动教育,提出如下四点建议。

一、积极做好政策宣传解读工作

劳动教育要实现常态化、规范化的发展,离不开对学校管理者、教师、家长、学生头脑中固有的教育理念及对劳动教育的认知进行更新和重塑。教育主管部门作为学校的上级部门,应积极贯彻中央精神,组织做好政策解读与宣传工作,引导各级各类学校正确认识劳动教育的性质、内涵与价值,通过健全制度提高学校校长的组织管理与执行能力。学校作为劳动教育实践的直接实施者,应发挥主导作用,充分利用好各种形式,学习上级有关劳动教育的政策;并借助互联网等多媒体技术,面向社会加强对劳动教育的政策宣传,为学校劳动教育课程实施创设良好的社会舆论氛围。

二、积极构建劳动教育课程体系

新时代劳动教育课程体系的完备,是促进中小学劳动教育有效开展的重要载体。无论是从政府层面,还是从地方教育主管部门及学校来说,都要积极探索构建符合时代特点的劳动教育课程体系。首先,国家要把劳动教育纳入中小学国家课程方案,并规范明确劳动课程实施要求,教材选用、课时安排、具体操作等都要做系统设计。其次,地方教育主管部门要推动构建基于地方实际情况的劳动教育课程,为学校劳动教育的实施搭建平台,提供相应课程资源的支持,形成具有区域劳动教育特色的地方课程。最后,学校要把握新时代劳动教育的育人导向,依据校情学情开发富有特色的校本课程;同时要加强劳动教育在各课程之间的渗透,尽可能地让所有课程都有劳动教育成分,努力做到全员、全过程、全方位地开展劳动教育。

三、将劳动教育纳入学校常规建设

学校作为开展劳动教育的主力军,应将劳动教育纳入其常规建设中,如师资配置、教育督导、校园文化等,以促进劳动教育的常态化发展。首先,建设一支数量充足、具有劳动教育专业素养的教师队伍。教师作为课程实施的主体力量,应不断提高自身对新时代劳动教育的认识。尤其是针对新教师的入职培训中,应帮助其进一步了解学校劳动教育理念,认识劳动价值观的意义和内容,加强实践操作技能的训练,从而在教学实践中创造性推进劳动教育,采用多种教学方式实现劳动教学目标[1]。其次,完善劳动教育督导评价机制,对劳动教育进行规范化的课程管理,采用多元化、可持续、可操作的评价方式,通过评价达到完善教学目标、提高劳动教育的效果,在教学实践中积极探索科学有效的实施策略,增强师生参与劳动教育的积极性,避免功利化倾向。最后,将校园文化建设纳入劳动教育主题,通过校园活动等方式,充分调动校内资源营造热爱劳动、尊重劳动成果的校园文化氛围。

四、完善校内外统筹保障机制

劳动教育具有相对的整合性,其内容已远远超出单一学科的边界,更注重学生在亲身参与中处理人与物、人与事、人与人之间的关系。[2]为此,劳动教育的有效开展离不开完善统筹协调机制,形成教育行政部门、学校与教育教学活动外部力量的合力。具体来说,教育主管部门应加快整合共享资源,根据实际情况,统筹协调区域、城乡与校际之间资源配置,加强经费投入与制作材料方面的支持力度,建设良好的、多样的劳动实践基地,鼓励和支持中小学积极与校园周边的种植场、工厂、商场、社区服务中心等单位联系。[3]学校也应积极加强自身与家庭、社会之间的联系,充分联系与利用所在地社区资源,如企业、高职院校、社会劳动技术教育中心等,推动校内活动与校外实践相结合,如利用

[1] 鲍忠良. 青少年学生劳动教育现状的实证研究[J]. 教育探索,2013(8):91-93.

[2] 王清涛. 中小学劳动教育课程化:价值意蕴、现实困境与路径选择[J]. 教育导刊,2020(4):21-27.

[3] 黄燕. 破解劳动教育"三化"现象[N]. 解放日报,2017-12-26(9).

假期组织学生参与社会劳动,开展学生自我服务劳动、学校社区公益劳动、种植养殖基地劳动、科技实验基地劳动、家务劳动等。❶

小　　结

通过对20多个省(自治区、直辖市)12 214多名中小学教师的调查发现,当前我国劳动教育发展一定程度上存在理论认知与实践行动脱节、课程开设流于形式、区域差异明显、相关政策落实不到位等现实问题。究其原因,教师、家长、社会公众等群体对劳动教育的误解,以及重智育轻劳动的教育理念,仍是阻碍学校劳动教育的文化因素;课程设计与开发的不完善、教学资源配置的不均、课程质量保障体系的缺乏,是影响学校劳动教育规范建设的制度因素。作为劳动教育课程的直接实施者,中小学教师对劳动教育的未来发展总体持乐观态度。为了更好地落实党的教育方针和有关劳动教育的政策,在调研的基础上,提出学校需要在教育主管部门的统筹下,切实做好政策宣传解读工作、积极构建劳动教育的课程体系、将劳动教育纳入学校常规建设中,以及完善校内外统筹保障机制等对策建设。

---

❶ 史习鸿. 学校劳动教育的现状分析与对策[J]. 教学与管理,2003(26):29-30.

第四章　我国中小学劳动教育典型案例的做法和经验

在国家和各地教育主管部门的重视下,特别近些年来,我国许多中小学积极摸索,逐步形成了一套较为完备的中小学劳动教育实践框架。本章将主要基于国内现有的文献成果和各地区中小学的特色劳动教育建设经验,围绕中小学劳动教育的实践框架做出分析和展示,并以中小学劳动教育实践的各利益相关主体为观照,在政策主导的背景下按照"认识—行动"的逻辑顺序推进展开,致力从实践层面为一线教育工作者提供思路和方向。

第一节　深刻认识和积极贯彻新时代劳动教育政策

中小学劳动教育从概念提出到其最终有效落实,都必须从我国的基本教育体制出发。我国现行的教育体制是中央统一领导与地方政府积极参与相结合,分工负责、分级管理。❶这奠定了中小学劳动教育实践"自上而下"的行动特征。这意味着,要达成中小学劳动教育育人的满意效果,自中央、地方各级政府,再到具体开展劳动教育的各中小学,都需要形成中小学劳动教育的"行动小组",在涉及中小学劳动教育工作问题上,都需为创设劳动教育育人氛围作出贡献。

一、地方政府积极贯彻落实国家劳动教育政策

（一）政府支持是学校劳动教育实施的先决条件

现行的教育体制对中小学劳动教育的有效落实存在着深刻影响。中小学

❶ 金燕、彭泽平. 新中国基础教育管理体制改革:历程、经验与启示[J]. 教育学术月刊,2016(2):61-66.

劳动教育是否能得到彻底落实，一方面在于国家对中小学劳动教育的指导纲要能否在中央、地方各级政府和各中小学间达成行动共识；另一方面则是取决于中小学劳动教育行动主体与其余主体、部门间是否能形成有效配合。多方协作配合也才能促使中小学有启动劳动教育实践探索的信心和底气。尤其对于多数办学基础薄弱的中小学校而言，政府支持、多方协作是学校在劳动教育实践中利弊权衡的主要考量。

从涉及中小学劳动教育的《教育部 共青团中央 全国少工委关于加强中小学劳动教育的意见》(2015年7月)、《中共中央 国务院关于深化教育教学改革全面提高义务教育质量的意见》(2019年6月)、《中共中央 国务院关于全面加强新时代大中小学劳动教育的意见》(2020年3月)《大中小学劳动教育指导纲要(试行)》(2020年7月)等主要纲领性文件看出，国家关于开展中小学劳动教育的规定日趋明确。相较前面两部文件中存在的中小学劳动教育学科、课程地位缺乏，依附于综合实践活动产生的内容性不足问题❶，2020年3月出台的《中共中央 国务院关于全面加强新时代大中小学劳动教育的意见》对开展中小学劳动教育做出了清晰说明。如"设立劳动教育必修课程""编写劳动实践指导手册""以日常生活劳动、生产劳动和服务性劳动为主要内容开展劳动教育""将劳动素养纳入学生综合素质评价体系"等要求，从课程地位、分学段分类型开展、评价制度，以及家庭、学校、社会、地方政府等都做出了具体规定。❷同年7月，教育部印发的《大中小学劳动教育指导纲要(试行)》则是直接为中小学劳动教育实践提供了标准。加强中小学劳动教育已形成了国家意志，而地方各级政府、部门是否能够积极贯落实，则成为中小学开展劳动教育的先决条件。

(二)因地制宜探索区域典型劳动教育经验

地方各级政府对中央政府发布的政策文件回应方式主要有两种：一是围绕

---

❶ 徐长发.新时代劳动教育再发展的逻辑[J].教育研究,2018,39(11)：12-17.

❷ 中华人民共和国教育部.中共中央 国务院关于全面加强新时代大中小学劳动教育的意见[EB/OL].(2020-03-20)[2020-05-03].http://www.moe.gov.cn/jyb_xxgk/moe_1777/moe_1778/202003/t20200326_435127.html?from=timeline&isappinstalled=0.

中小学劳动教育文件精神开展宣传解读;二是基于中小学劳动教育文件中的内容进行劳动教育实践探索。中央发布关于中小学劳动教育的政策文件主要有四次,期间也包括习近平总书记在全国教育大会上关于劳动教育的重要论述。每一次劳动教育文件的发布都得到了各地方政府的积极响应,在《教育部　共青团中央　全国少工委关于加强中小学劳动教育的意见》《中小学综合实践活动课程指导纲要》发布后,各地区逐步下发了中小学劳动教育工作的指导意见。如山东省教育厅下发了《关于加强中小学生劳动教育开好综合实践活动课程的指导意见》(2019年2月),浙江省教育厅、共青团浙江省委、浙江省少工委也发布了本省的《关于加强中小学劳动实践教育的指导意见》(2019年2月),同年5月广州市教育局也印发了《关于加强中小学(幼儿园)劳动教育的指导意见》。2020年3月,《中共中央　国务院关于全面加强新时代大中小学劳动教育的意见》的正式出台,更是引起了地方政府的积极回应与讨论。

在中小学劳动教育的具体实践上,部分地方政府率先进行了试点探索。如浙江省杭州市富阳区富春第七小学从2009年创校开始,就开展了劳动教育的研究和实践。十余年间,富春第七小学探索形成了循序渐进的内容体系,推动了区域劳动教育的常态化开展。❶在教育部劳动教育实验工作项目的倡导下,四川省成都市金牛区于2015年9月出台《关于深入开展劳动教育实践活动的实施方案》,探索形成了"一核引领、双向贯通、三轨同步、四轮驱动"的"全劳动教育"实践模式。❷而辽宁省大连市沙河口区也制定了《沙河口区劳动教育实施方案》,采取"有机融入、课程引领、实践体验"的工作思路,构建起地域范围的劳动教育体系。❸

案例一:成都市金牛区的劳动教育推进模式

2015年10月,四川成都金牛区被确定为首批全国中小学劳动教育实验单

❶ 中华人民共和国教育部.四措并举,让劳动教育落细落实[EB/OL].(2020-03-27)[2020-05-03].http://www.moe.gov.cn/jyb_xwfb/moe_2082/zl_2020n/2020_zl15/202003/t20200327_435397.html.

❷ 探寻劳动育人之美:成都市金牛区构建"全劳动"教育模式[N].四川日报,2019-12-31(4).

❸ 中华人民共和国教育部.积极构建劳动教育体系 促进学生全面健康成长[EB/OL].(2017-02-13)[2020-05-03].http://www.moe.gov.cn/s78/A06/A06_ztzl/ztzl_zxxdy/201702/t20170213_296023.html.

位,由此开始了区域内的中小学劳动教育实践探索。随后,成都金牛区政府通过成立学生劳动教育中心、学生劳动教育联盟,设立"金牛区劳动教育示范校""金牛区劳动教育基点校"和"金牛区劳动教育基点校创建单位"等举措,整体推进区域内中小学劳动教育的实践探索,形成了"中心+联盟+学校"的"1+1+X"劳动教育实践架构。❶"中心+联盟+学校"的实践架构使中央到地方、地方到学校的劳动教育内涵精神得到了很大程度的保留和发挥,避免了多级上下单位间信息传递的损耗。同时,为中小学劳动教育实践单独设置机构成员有效规避了因职责不清、分工不明而产生的相互推诿问题。并且由学生劳动教育中心牵头,使中小学在开展劳动教育实践中能有整体的实践方向,也有机会向劳动教育实践活动开办得比较好的学校学习经验,发挥"辐射—带动"作用,使区域内学校的劳动教育实践往个性化方向发展。

"一二三四"的劳动教育区域推进模式。"一核引领",即劳动教育的价值牵引,发展学生的劳动教育情感、品格和技能;"双向贯通",即劳动教育全学段、全学科贯通;"三轨同步",即持续推进劳动教育在学校、家庭、社会三大教育场景的融合;"四轮驱动",即"中心+联盟+示范"的组织体系""基础+特色+平台"的课程体系,"教学+实践+创造"的育人体系,"护照+考评+勋章"的考评体系。成都金牛区政府以《成都市金牛区教育局关于深入开展劳动教育实践活动的实施方案》《成都市金牛区劳动教育基点学校建设标准(试行)》等文件给予了区域内中小学强有力的政策支持,促成了"一二三四"区域劳动教育推进模式的成功探索。这使得区域的中小学在开展劳动教育中形成了多样化的学校特色,如成都市洞子口职业高级中学校重点打造了"锦城卫"志愿者服务协会,成都市金建小学开展了以气象科普和科技教育为特色的劳动教育实践,成都市全兴小学以修建种植园和养殖园开设劳动教育课程。

(三)加大国家劳动教育政策的落实力度

尽管开展中小学劳动教育已经得到了各级地方政府的高度重视,从顶层设

---

❶ 一核引领、双向贯通、三轨同步、四轮驱动:金牛探索"全劳动教育"模式构建整体联动融合共生的教育生态[N].成都日报,2019-12-30(8).

计及具体实施途径都做出了一定的模式探索,但大部分地区的中小学劳动教育体系构建仍须加强推进与完善。一方面,2015年,《教育部 共青团中央 全国少工委关于加强中小学劳动教育的意见》发布后,各地方政府对开展中小学劳动教育的政策回应程度不一,对比明显。只有北京、上海、浙江、江苏等少数地区建立起了相对完整、成熟的劳动教育体系。❶部分地区在中小学劳动教育开展的现实趋势上的态度多是应付、敷衍,"走着瞧""试着看""打太极""应付办"成为地方政府关于开展中小学劳动教育的回应策略。❷另一方面,在《中共中央 国务院关于全面加强新时代大中小学劳动教育的意见》出台引起热烈响应之前,地方政府对中小学劳动教育的概念理解模糊,反应也相对迟缓。❸多数地方政府的中小学劳动教育指导意见的出台与中央政府文件下发之间都存在较长的空窗期。加之劳动教育在中小学课程中的地位一直处于缺失状态,多是依托综合实践活动课程开展,使得地方政府在开展中小学劳动教育上没有从"号召"的"回应",落实到具体行动。

不论是客观上对劳动教育自身内涵的理解不够充分,还是主观上地方政府的实际担忧与顾虑,重中央文件政策宣传而轻劳动教育模式的探索,都不利于构建我国中小学劳动教育体系。今后在开展中小学劳动教育的工作中,地方政府须进一步提升对劳动教育内涵价值的认识水平,挖掘劳动教育不同的实践模式,结合学习先进地方的发展经验,建立具有地方特色的中小学劳动教育体系。

二、学校对劳动教育育人系统性的深刻认识

(一)中小学校是劳动教育实践的主阵地

学校作为开展中小学劳动教育的场所,其对劳动教育育人作用的认识程度直接影响中小学劳动教育实现的效果。全面、充分地认识新时代劳动教育,是

---

❶ 武秀霞."劳动"离教育有多远?——关于劳动教育实践问题的反思[J].当代教育论坛,2020(3):114-121.

❷ 徐长发.新时代劳动教育再发展的逻辑[J].教育研究,2018,39(11):12-17.

❸ 同❶.

学校办好中小学劳动教育基本前提。《中共中央 国务院关于全面加强新时代大中小学劳动教育的意见》出台以前,劳动教育在中小学仅是综合实践活动课程的内容组成之一❶,尽管"实践""活动"的概念包含了"劳动"❷,但综合实践活动却难以对劳动教育丰富的内涵进行充分涵盖。因此,学校须基于新时代背景,结合出台的《大中小学劳动教育指导纲要(试行)》,对劳动教育的育人特征做出深刻认识。

劳动教育首先作为一种普通教育❸,与德育、智育、体育、美育一道发挥着育人功能,是我国教育体系不可或缺的组成部分。学校应将劳动教育与学校课程、校内外实践融合,适时开展中小学劳动教育,使被淡化的劳动教育价值重新得到实现和发挥,以应对中小学生在身心关系、体力与脑力劳动关系上异化的挑战。❹这既是落实促进学生全面发展的内在要求,也是社会主义教育实践中教育与生产劳动相结合的根本体现。❺学校在对中小学生劳动价值观、劳动态度以及劳动素养的培养过程中,及时、准确把握劳动教育的多种形态变化,处理好经验概念上的"生产劳动"与新劳动形态之间的关系,既是对"教育与生产劳动相结合"做出的新的时代解读,更是在为中小学学生适应现代化未来需要做好充分准备。❻

(二)探索整合校内外资源的课程实践经验

自 2015 年《教育部 共青团中央 全国少工委关于加强中小学劳动教育的意见》发布以来,各地区学校极为关注劳动教育在中小学中发挥的独特育人作用,并紧紧依托劳动实践开展劳动教育,将中小学劳动教育与学校课程组织联系到一起。总体而言,中小学对劳动教育的高度重视主要在三个层面上表现

---

❶ 基础教育课程改革纲要(试行)[J].人民教育,2001(9):6-8.

❷ 檀传宝.劳动教育的概念理解——如何认识劳动教育概念的基本内涵与基本特征[J].中国教育学刊,2019(2):82-84.

❸ 同❷.

❹ 肖绍明,扈中平.新时代劳动教育何以必要和可能[J].教育研究,2019,40(8):42-50.

❺ 郑程月,王帅.建国70年我国劳动教育的演进脉络、时代内涵与实践路径[J].当代教育科学,2019(5):14-18.

❻ 褚宏启.21世纪劳动教育要有更高立意和站位[J].中小学管理,2019(9):61.

出来：探索与学校开展课程的相互结合；依托校内外劳动实践活动基础；积极构建"学校—家庭—社会"联动的劳动教育实践模式。

新时代的劳动教育并非单一孤立形式的教育，而是整合的实践[1]。对于中小学而言，开展劳动教育最好的形式，就是将其与学校课程内容和活动融合到一起。如北京市第十二中学教育集团就以"劳动教育"贯通课程实施的模式，将劳动教育与不同年级的各学科课程内容融合。在小学低年级自编"劳动操"，在语文课开设包含绘本、诗歌、儿歌等的"我的事情自己做"专题，以实现劳动意识的启蒙。而对初高中年级的学生，北京市第十二中学则以研究性学习、设"校园劳动责任岗"、开展家政技能学习月度主题活动以及生涯规划教育等方式对学生的劳动知识、技能、习惯以及社会主义建设意识进行培养[2]。与此同时，新时代的劳动教育不单指以往理解的体力劳动形式，更是注重脑力与体力劳动结合的育人形式。这意味着中小学在开展劳动教育的实践中不能一味强调学生纯粹的体力劳动，更要兼顾学生脑力劳动的发展。如广州市越秀区中小学的劳动教育实践既有学生学习烹饪、学做家务，也有包括3D打印、木桥梁承重等在内的科技与包括云肩、中国扇、广州饼印等在内的优秀传统文化、本土文化的多种形式[3]。这对学生的劳动教育意识、精神和技能都进行培养，使劳动教育不再仅仅局限于体力劳动的狭隘认知。此外，劳动教育先行示范区的中小学都将劳动教育课程活动逐步拓宽到校外企业、家庭，探索学校、家庭、社会联动进行学生劳动意识、知识、技能的培养，发挥劳动教育在更大时空范围内的育人影响。

案例二：富春第七小学的"开心农场"课程实践

浙江省杭州市富阳区富春第七小学基于学生与大自然相处的机会越来越少，学校劳动教育实践中学生劳动体验缺乏而产生的劳动素养不足，以及学校劳动教育中存在的形式化、浅层化和薄弱化等问题，对劳动教育的内涵进行自

[1] 班建武."新"劳动教育的内涵特征与实践路径[J].教育研究,2019,40(1):21-26.

[2] 唐琪.新时代如何全面加强劳动教育.中国教育报[N].2020-04-23(4).

[3] 陈亮,张怡轩,陈康英.让孩子爱上劳动他们来真的！劳动教育怎么做？广州越秀多举措[EB/OL].
(2019-12-05)[2020-05-03].http://k.sina.com.cn/article_5787187353_v158f1789902000uong.html?from=edu.

我反思探索,生成了"新劳动教育"的理念。即关注学生在劳动中的能动性,努力创造回归"生本"[1]。富春第一小学将对劳动教育的独特认识运用于实践,搭建起校内外实践平台基地,以课程群实现劳动教育育人,探索出了别具特色的"农事劳作""创意劳动"和"美好生活"小学劳动教育课程群(图4-1)。

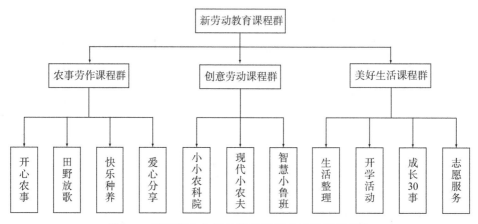

图4-1 富春第七小学的新劳动教育实践课程架构

其中,以建立"开心农场"实践基地开设课程,是富春第七小学在探索开展劳动教育活动中的独特经验(表4-1)。富春第七小学能够将课程与平台流畅地衔接起来,发挥了课程和平台基地背后的劳动教育育人效果。一般而言,"窄化"和"泛化"是中小学劳动教育实践探索极容易产生的问题,前者把劳动教育等同于体力劳动或直接的生产劳动,后者用科学文化知识教育代替了劳动教育,使劳动教育失去针对性。[2]中小学在劳动教育实践中出现对课程或实践基地任何一方的过分偏重,都容易使劳动教育实践简单化、碎片化,从而大大降低原本的育人效果。如学校最简单的洒扫活动,因缺少与学校课程的衔接,或不当衔接(如教师倾向把洒扫的事情交给学业成绩不优秀的学生),都会

❶ 章振乐.新劳动教育:构建立德树人新样态——浙江省杭州市富阳区富春第七小学新时代劳动教育实践[J].劳动教育评论,2020(1):101-108.

❷ 张应强.新时代学校劳动教育的定性和定位[J].重庆高教研究,2020,8(4):5-10.

使劳动教育"变质"❶。而富春第七小学能把握课程与实践基地的分寸,精心规划,并充分探索"开心农场"中的劳动教育要素,挖掘义卖等多样化活动。依托平台开展多样化的劳动教育活动,开设出具有教育意义的劳动教育课程,使中小学劳动教育的实践内涵得到了丰富发展。这对中小学如何打造本校特色的劳动教育实践做出了范例。

表4-1　富春第七小学"开心农场"活动区块示例

阵地	内容	功能
农具陈列馆	·参观陈列馆; ·学习"节气课程"; ·"蔬菜小博士"评选	·搜集展览各种农具,认识农具; ·学习"二十四节气",了解节气与农业的关系; ·学习认识蔬菜相关知识
小小农科院	·小课题研究; ·"我的农场我设计"	·研究农作物生产的基本规律; ·根据儿童视角设计"开心农场"
躬耕园	·班级承包种植蔬菜; ·"开心农场"夏令营; ·"我心中的开心农场"征文	·班级承包种植,体验劳动的艰辛; ·用文字表达对农场的认识以及在活动中的感受
开心画廊	·"亲子墙绘"比赛; ·蔬果造型设计	·与父母合作,展开想象,美化农场; ·设计果蔬造型,培养对农作物的情感
爱心义卖区	·收获、义卖蔬菜	·在义卖活动中,学习买卖、包装、推销以及人际交往,培养学生的爱心、合作精神

(三)构建中小学劳动教育共同体

劳动教育的育人作用已经引起了中小学校的高度重视,各地中小学也在积极从实践中探索经验,以实现劳动教育更深刻的育人价值。但同样值得注意的是,各地学校对劳动教育育人的重视程度不一,且差距显著。这一点,在实践中充分地被表现出来。

---

❶ 张礼永.教育与洒扫的千秋之变——最简单的劳动教育形式及其应注意的问题[J].全球教育展望,2020,49(6):15-28.

在《中共中央 国务院关于全面加强新时代大中小学劳动教育的意见》出台以前,各地中小学由于没有得到系统性的指导,多是凭借着自身的影响力和可利用的资源开展劳动教育。对于大多数开展劳动教育资源缺乏的中小学而言,只有先从简单层次的体力劳动教育入手❶,从而使得劳动育人的层次偏低、类型并不丰富,如让学生负责校内的卫生清整、垃圾捡拾的公益环保活动等。调查显示,目前学校普遍组织开展的劳动教育,主要以校内的劳动活动为主。❷然而,也有少部分地区的学校探索出了丰富的教育形式,既包括了校内的劳动活动,也有校外的实践或与科技结合的体验等。这反映出当前劳动教育的育人价值尽管得到了中小学校重视,但由于各种主客观因素的存在,总体上中小学劳动教育的差距较大,多数中小学劳动教育育人的认识和行动上均存在一定程度的随意性。正是这种随意性,使得劳动与教育之间存在割裂,导致劳动育人的作用微弱。

因此,中小学对劳动育人的认识模式,应当由原来的个别化形成共同体。对于缺乏资源和经验的中小学而言,基于劳动育人的共同体认知能产生辐射带动效果,在沟通中形成体系化知识,将劳动教育育人价值的意识与内涵充分融合,在充分理解劳动育人的本质与内涵的基础上开展实践,充分实现劳动教育的育人价值。

第二节 探索形成"课程—平台—资源"相结合的劳动教育实践模式

中央、地方各级政府及教育主管部门对劳动教育的认识与关注,给予了中小学劳动教育开展的政策支持,劳动教育育人的持续效果才能如期实现。在

---

❶ 武秀霞. "劳动"离教育有多远? ——关于劳动教育实践问题的反思[J]. 当代教育论坛,2020(3):114-121.

❷ 方凌雁. 劳动教育的现状、问题和建议——2019年浙江省中小学劳动教育调研报告[J]. 人民教育,2020(1):15-19.

具体建设劳动教育实践活动过程中的课程载体、平台依托,则成为影响劳动教育实施的关键要素。劳动教育课程、劳动教育实践基地平台和劳动教育的"家—校—社"资源结合的实践模式,也是当前中小学普遍采取的行动方案。

一、中小学劳动教育实践:以学校课程为载体

(一)课程是学校教育开展的主要载体

课程,是学校教育中学生最重要的学习资源❶,也是教育育人的主要内容体现。我国现行的课程体系,依据课程规划、开发和安排的主体不同,可分为由国家规定的国家课程,地方规划、开发并安排的地方课程,以及学校独立开发或选用的校本课程❷。劳动教育的课程体系,也包括了这三种类型。2000年1月到2020年3月,劳动教育的国家课程主要反映在综合实践活动课中的"劳动技术教育"部分❸,课时和内容较难得到充分保障。与此同时,各地政府教育相关部门在积极打造区域性的地方课程,学校也在探索有特色的校本课程。由于劳动教育的国家课程内容较少,因此这期间内,劳动教育的课程主要以地方课程和校本课程为主。而2020年3月、7月出台的《中共中央 国务院关于全面加强新时代大中小学劳动教育的意见》《大中小学劳动教育指导纲要(试行)》则在国家层面明确了中小学设立劳动教育必修课程的规定,这将原来劳动教育课程体系中国家课程部分的欠缺弥补了起来,基本形成了国家到地方、再到学校的三级劳动教育课程育人体系。

劳动教育的国家课程确保了所有学生接受劳动教育的权利,更明确了学校开展劳动教育的质量标准,提高了中小学生在学期间接受劳动教育的连续性和连贯性❹,对中小学劳动教育育人做出了总体上的规定。而劳动教育的地方课程和校本课程则是对国家课程的有益补充,能够促进国家课程在各地区有

❶ 徐学俊,周冬祥.地方课程资源开发与优化配置的探索[J].教育研究,2005(12):43-48.

❷ 成尚荣.地方课程的开发与建设[J].中国教育学刊,2005(12):23-26.

❸ 卓晴君.我国中小学劳动教育课程的变迁与展望[J].基础教育课程,2019(5):34-45.

❹ 许洁英.国家课程、地方课程和校本课程的含义、目的及地位[J].教育研究,2005(8):32-35,57.

效地实施❶,同时,特色化的地方课程和校本课程也能发挥对学生个性化的育人效果,促进教师专业化发展❷,调动各地中小学积极参与劳动教育育人的改革实践中来。

(二)探索开发多样化课程形态的区域经验

从现已积累的经验看,中小学在劳动教育中开发的地方课程、校本课程数量居多,各具特色,且具有显著特征。首先,劳动教育的实施具有阶段性,应与学生身心发展的特点相适应❸,因此,课程体系也是分阶段的,中小学针对学生的特征差异设计个性化的课程内容。如重庆市人民小学将劳动教育的课程目标细分成了低段、中段和高段(表4-2),对不同年龄阶段的小学生群体开展劳动教育,构建起系统化的劳动教育课程体系;福建省福清元洪师范学校附属小学也根据学生的年龄特点和劳动技能难易程度开展家庭劳动❹;上海市沙田学校、成都市金牛区等地区学校也基本形成了阶段化的劳动教育课程。其次,随着新时代劳动教育逐渐由单一走向整合,劳动教育形态不断变化❺,使得劳动教育课程内容也丰富起来,课程对应的教学方法也得到更新。如杭州市富阳区富春第七小学基于构建的农事劳作、劳动创意和美好生活的特色课程群,围绕课程群及其子课程内容,探索出主题学习、课题研究式学习、社会服务性学习和生活学习等多种学习方式❻,使得劳动教育的内容和教学方式都得到拓展与创新,更好地实现多种劳动教育课程内容多元途径育人的效果。

---

❶ 成尚荣.地方课程的开发与建设[J].中国教育学刊,2005(12):23-26.

❷ 徐学俊,周冬祥.地方课程资源开发与优化配置的探索[J].教育研究,2005(12):43-48.

❸ 王连照.论劳动教育的特征与实施[J].中国教育学刊,2016(7):89-94.

❹ 王莹菊.课程化:新时代劳动教育"新范式"[C]//成都市陶行知研究会.成都市陶行知研究会第八期"教育问题时习会"论文集.成都市陶行知研究会:成都市陶行知研究会,2019:36-43.

❺ 班建武."新"劳动教育的内涵特征与实践路径[J].教育研究,2019,40(1):21-26.

❻ 章振乐.杭州市富春七小:新劳动教育课程学习的探索[J].中国德育,2019(6):52-54.

表4-2 重庆市人民小学校的劳动活动课程目标设置❶

课程总体目标	课程具体目标		
	低段	中段	高段
劳动服务	承担洗袜子等简单的自我服务劳动	积极开展并坚持自我服务劳动	高效地开展自我服务劳动
	承担择菜、洗菜等简单的家务劳动	积极参与力所能及的家务劳动	高效地开展家务劳动
	承担整理蔬菜等简单的校内外劳动	积极参与校内外劳动	高效地开展校内外劳动
劳动工具	了解并会使用生活中常见的简单材料	正确使用生活中常见的简单材料	创意使用和加工生活中常见的简单材料
	了解并会使用生活中常见的简单工具	正确使用生活中常见的简单工具，初步利用厨房工具和材料学会简单的烹饪	了解并学会安全使用和维护一些常见智能劳动工具
	使用工具，初步了解重庆的地域文化	初步了解并学会一些简单信息技术，学习重庆的地域文化	正确使用一些简单信息技术，尝试宣传重庆的地域文化
劳动创造	感受劳动人民的创造力	亲身体验劳动人民的创造力	体会、认识劳动人民的创造力
	初步利用材料和工具进行简单的创意手工制作	能识读简单的图样，合理选择工具，初步设计制作一些物品	初步运用信息技术和工具设计制作有创意的数字产品
劳动精神	初步学会合理选择工具	能策划、组织简单的劳动项目，服务自己	能策划、组织有创意的劳动项目，服务他人和社会
	感受劳动的艰辛和劳动创造的快乐	体验劳动的艰辛和劳动创造的快乐	体会、认识劳动的艰辛和劳动创造的快乐

❶ 杨浪浪，陈燕. 75年坚持"爱劳动"：造就本土化小学劳动教育课程体系[J]. 中小学管理，2020（4）：15-18.

续表

课程总体目标	课程具体目标		
	低段	中段	高段
劳动精神	初步感知劳动观念和劳动习惯	初步具有劳动观念和劳动习惯	形成正确的劳动观念，养成良好的劳动习惯
	初步学会发现问题、解决问题，和他人团结协作	积极发现问题，乐于和他人协作共同解决问题	主动发现问题，和他人协作共同解决问题
	初步学会和他人分享劳动成果	乐意和他人分享劳动成果，尊重他人的劳动成果	主动与他人分享劳动成果，欣赏他人的劳动成果
	初步学会爱护劳动工具	坚持爱护劳动工具	主动爱护劳动工具
劳动审美	感受劳动的工具美	体验劳动的工具美	认同劳动的工具美
	感受劳动创造美好的生活	体验劳动创造美好的生活	认同劳动创造美好的生活
	感受重庆地域文化的美	体验重庆地域文化的美	认同重庆地域文化的美

劳动作为社会实践的特殊形式[1]，其课程的开发可从广义上分为有本课程和无本课程[2]。因此，中小学在开展劳动教育过程中形成的国家、地方和校本课程，既包括有本课程，也包含无本课程。劳动教育的教材给予了课程化必要的知识体系支持，而劳动教育的活动开发则是以更加灵活、弹性的形式实现劳动教育的育人要求。如唐山市乐亭县育才小学依托农村小学的劳动基地，开设了"我是小小种植能手""葡萄的栽培""葫芦烫画艺术"等校本课程，并开发出校本教材，独创出具有农村小学特色的劳动教育课程体系[3]。而如宁波市实验小学开展的关于如何戴口罩、洗手、就餐的云竞赛，宁波市广济中心小学的"生活劳动技能"大赛[4]，则是劳动教育课程的无本化体现。戴口罩、洗手、就餐

❶ 檀传宝. 开展劳动教育必须解决好的三大理论问题[J]. 人民教育,2019(17):34-35.

❷ 张润田. 劳动教育的无本课程化与实践路径探究[J]. 中小学德育,2019(8):27-29.

❸ 周洪松. 河北唐山加强劳动教育,实现"场地、课时、教师、教材、教学计划"五落实——引导孩子成为更好的自己[N]. 中国教育报,2019-09-25.

❹ 宁波市海曙教育发布. 五一将至,看看海曙学子解锁了哪些劳动技能?[EB/OL]. (2020-04-28)[2020-05-03]. https://mp.weixin.qq.com/s/EWN-4ixv08cGK2JBNdr-hg.

等更富有生活气息的劳动教育活动,可以在无形中培养学生们的劳动理念和素养。此外,随着信息网络对课程开发支持的逐渐实现,劳动教育的线上课程,也成为中小学实践探索的重要补充。许多中小学校都尝试将劳动教育实践成果以线上课程的方式开展。

案例三:重庆市人民小学将地域文化融入劳动教育课程

作为一所建校于1945年的学校,重庆市人民小学从建校初就开始了劳动教育课程的探索实践。首任校长带领教师们纺纱织布、20世纪50年代开设劳动课、1958年建立校内劳动基地、20世纪90年代至21世纪初探索建立"学校农场"以及近年的"EOC"课程(体验–Experience、开放–Open、综合–Comprehensive,反映于"基础课程—选修课程—社团课程—社会服务课程")体系等❶,都为重庆市人民小学开展课程的多样化探索提供了良好的历史传统和现实基础。

就当前开展的劳动教育课程探索经验看,其一,分学段设计劳动教育课程目标。在"劳动服务""劳动工具""劳动创造""劳动精神"和"劳动审美"的总目标体系中,低、中、高段的课程目标设置既契合了中小学生身心发展的特点,又丰富了劳动教育课程的形态。系统化的劳动教育课程设计与学校编写的《家庭劳动教育指导手册》相结合,使中小学生的劳动教育实践活动得到有效、精准的规范和指导。其二,将地域文化融入劳动教育课程内容。基于学校的历史和文化特色,重庆市人民小学围绕"美物""美者""美景"课程群,开发了多个具有地域文化特色的课程。"美物"课程群包括"消暑乐""山城红""重庆产品代言人""小豆子,大世界""重庆味道——火锅"等主题,"美者"课程群包括"寻访最美劳动者"和"城市美容师"等主题,"美景"课程群包括"山城小导游"和"桥都的桥"等主题。❷各个主题下又包含着丰富的劳动教育活动项目。挖掘地域文化探索开展劳动教育课程的方式,极大地丰富了重庆市人民小学的课程内容,其中蕴含的劳动教育育人内涵也可以在课程中实现对中小学学生的潜移默化影响。总体上,"劳动+课程""劳动+社会服务"(《家庭劳动教育指导手册》

❶ 杨浪浪,陈燕.75年坚持"爱劳动":造就本土化小学劳动教育课程体系[J].中小学管理,2020(4):15-18.

❷ 杨浪浪,陈燕.基于"劳动最美"价值理念的学校劳动实践[J].劳动教育评论,2020(2):117-127.

梳理了学生要做到的 12 件小事)、"劳动+智能"(如社团课程的"智慧木工")、"劳动+活动"("美物""美者""美景"三大课程群)等多途径劳动教育的实践探索❶,为劳动教育课程的多样化给予了支持。

(三)促进课程实施的规范化建设

中小学建构的劳动教育课程体系各具特色,总体形成了"国家—地方—学校"的体系化课程。这对于今后深化劳动教育与学校课程融入的实践,以及在《大中小学劳动教育指导纲要(试行)》出台后,中小学劳动教育课程化工作应如何进一步确定并推进,有指导意义。同样,这也是中小学劳动教育育人途径的有益探索。

当前中小学劳动教育的课程化存在两大突出问题。一方面,劳动教育课程体系的开发,除了深刻认识和高度重视以外,还需要必不可少的条件支持。由于我国各地区中小学条件参差不齐,差距明显❷,且劳动教育课程需要固定的课时、内容,因此中小学校能否顺利实现"足量"的劳动教育课程,将成为难以回避的难题。调查显示,高中生父母反对孩子做家务的比例高达 37.1%❸,随着学段上升的学业压力越大,父母反对学生开展家庭劳动教育的声音似乎越强烈。从这个意义上讲,学校在推进劳动教育的课程化时,应当与学生的学业发展结合起来,强调把劳动教育纳入学校考核的同时,须考虑采用更加灵活、有趣的形式与内容实施劳动教育,以减轻劳动教育的现实阻力。另一方面,相对于劳动教育的有本课程,中小学或许更愿意选择门槛更低的无本课程,如开展竞赛、成果展示活动等,然而无本课程尽管实施的条件更低,但其对教师、家校合作等的要求更高❹,缺乏规范、保障和评价的无本课程或将最终流于形式。因此,中小学应结合自身实情,在劳动教育的课程开发中对有本课程和无本课

---

❶ 一鸣. 在劳动中遇见最美童年——重庆市人民小学劳动教育纪实[EB/OL]. (2020-04-10)[2020-10-04]. http://jyj.gmw.cn/2020-04/10/content_33731139.htm.

❷ 武秀霞. "劳动"离教育有多远?——关于劳动教育实践问题的反思[J]. 当代教育论坛,2020(3):114-121.

❸ 王飞,徐继存. 大中小学劳动教育实施现状的调查研究[J]. 课程.教材.教法,2020,40(2):12-19.

❹ 张润田. 劳动教育的无本课程化与实践路径探究[J]. 中小学德育,2019(8):27-29.

程的比例进行调整,尽量避免使用单一的有本课程或无本课程对学生开展劳动教育。

二、中小学劳动教育实践:以基地平台为依托

(一)基地平台是劳动教育实施的有形依托

学校对劳动教育基地平台的建设,直接影响中小学能否在一线实践中落实新时代劳动教育内涵。2015年7月,教育部、共青团中央、全国少工委联合发布的《关于加强中小学劳动教育的意见》中明确指出"加强劳动教育的资源开发",各地中小学要加强劳动教育场地或实践基地的建设❶。由此可以看出,在劳动教育开展之初,中小学劳动教育的基地平台建设就成为保障劳动教育顺利实施的重点任务工作内容。此外,从中小学劳动教育的本质属性看,劳动实践一定是需要依托具体的场所空间展开的。2020年3月出台的《中共中央 国务院关于全面加强新时代大中小学劳动教育的意见》也要求"广泛开展劳动教育实践活动"❷,反映出中小学劳动教育是实践性的,要让学生走进社会,走进自然❸。在参与社会、自然的劳动活动过程中,学生才能逐渐培养劳动价值观与劳动素养,进而主动地尊重劳动、热爱劳动。

无论是从中小学劳动教育工作开展的总体设计上看,还是从中小学劳动教育的内涵进行分析,中小学劳动教育基地平台的建设都势在必行,而且已经成为保障和评价劳动教育效果的核心指标。

(二)因校制宜探索校内外实践基地模式

当前中小学建设的劳动教育基地平台,根据校内外场所的不同,大体可以

---

❶ 中华人民共和国教育部.教育部 共青团中央 全国少工委关于加强中小学劳动教育的意见[EB/OL].(2015-07-24)[2020-05-03].http://www.moe.gov.cn/srcsite/A06/s3325/201507/t20150731_197068.html.

❷ 中华人民共和国教育部.中共中央 国务院关于全面加强新时代大中小学劳动教育的意见[EB/OL].(2020-03-20)[2020-05-03].http://www.moe.gov.cn/jyb_xxgk/moe_1777/moe_1778/202003/t20200326_435127.html?from=timeline&isappinstalled=0.

❸ 赵琼.中小学综合实践活动基地建设模式研究[J].教学与管理,2013(12):33-35.

分为自建的校内劳动教育基地平台与合作的校外劳动教育基地平台。校内劳动教育基地平台是各中小学依据学校的自身条件开办起来的,可以随时依据学校劳动教育内容的更新和变化做出调整。如校内建设的家政、烹饪、编织、手工、艺术等的固定教室,以及学校的绿地、农田等,都是开展校内劳动教育活动的实践基地平台。校外劳动基地平台多是各中小学与校外单位合作,建设起来用于劳动教育实践活动的基地平台。由于校外单位的类型、资源丰富,因此基于"学校—社会"单位合作关系建立的劳动教育基地平台,往往可开展的劳动教育内容更加多样,形式也更为独特。如通过探索"猪(猪场)—沼(沼气池)—菜(菜园)—店(校园小超市)"的实践基地模式,湖南省安仁县清溪中学校园内已拥有蔬菜园、沼气池、花卉苗圃、猪场、豆腐坊、校园超市等实践基地❶,为学校开展劳动教育活动提供了支持。

实践探索中的中小学劳动教育基地平台往往是体系化建设的结果,由此才能够保证满足开展劳动教育实践活动的多层次需要。在体系化建设中小学劳动教育基地平台的探索中,浙江省、福建省积累了相对成熟的经验。如浙江省诸暨市依托原有基础,内建外联,通过鼓励有条件的学校自建、利用一所农林类职校市级共建、依托现代特色农业项目市级外联,形成了市、镇、校三级的劳动教育实践基地❷;福建省泉州市通过"购买服务"与周边农场(乡村、企业)合作、教育主管部门与当地企业(商场等)合作,以及学校利用校园与周边资源开辟"红领巾劳动基地""快乐农庄""微农场"等多种途径❸,为劳动教育的开展搭建了良好平台。

案例四:浙江诸暨的"市—镇—校"三级劳动教育实践基地体系

诸暨位于浙江省中北部,下辖27个镇乡(街道),面积总达2311平方公里。

---

❶ 中华人民共和国教育部. 立足实际 注重实效[EB/OL]. (2016-10-08)[2020-05-03]. http://www.moe.gov.cn/s78/A06/A06_ztzl/ztzl_yxal/201610/t20161008_283212.html.

❷ 中华人民共和国教育部. 依托实践活动基地区域推进劳动教育[EB/OL]. (2016-10-08)[2020-10-05]. http://www.moe.gov.cn/jyb_xwfb/moe_2082/zl_2016n/ztzl_yxal/201610/t20161008_283215.html.

❸ 中华人民共和国教育部. 让学生在劳动中绽放生命活力[EB/OL]. (2016-10-08)[2020-05-03]. http://www.moe.gov.cn/s78/A06/A06_ztzl/ztzl_yxal/201610/t20161008_283214.html.2016-10-08.

区域内人口达108万,其中70%为农村户籍,且近年特色农业发展迅速,特色农业基地也孕育而生。诸暨依托区域内的潜在优势,广泛挖掘中小学劳动教育基地平台的建设,形成了"市—镇—校"的三级劳动教育实践基地体系❶(图4-2)。

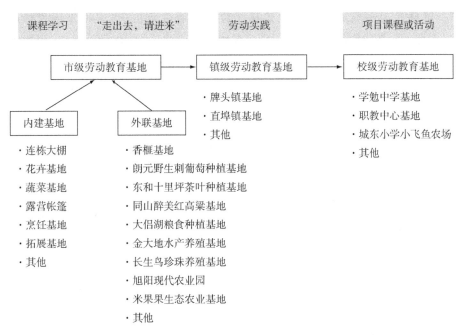

图4-2　浙江诸暨"市—镇—校"三级劳动教育实践基地体系

浙江诸暨的市级劳动教育基地由内建基地和外联基地组成。其中,内建基地是以一所农林类职业院校为依托,开展多类型的活动子基地,支持了包括如大棚苗木和蔬菜种植、帐篷露营、烹饪等劳动教育活动的顺利实施。而外联基地则是依托了区域内发达的现代农业基地,通过农业基地与中小学劳动教育建立合作,形成了香榧、野生刺葡萄、茶叶、红高粱、水产、珍珠等丰富的劳动教育平台基地。镇、校级的劳动教育基地建设也同样按照依托区域现有基础和特色的思路,开展"一镇一实践基地"的标准建设,目前已达成100%的劳动教

❶ 中华人民共和国教育部. 依托实践活动基地区域推进劳动教育[EB/OL]. (2016-10-08)[2020-10-05]. http://www.moe.gov.cn/jyb_xwfb/moe_2082/zl_2016n/ztzl_yxal/201610/t20161008_283215.html.

育镇级基地建成率❶。值得注意的是,在劳动教育平台基地与中小学开展劳动教育的联结上,浙江诸暨形成了市级内建基地以课程学习,市级外联以"走出去、请进来"(组织学生到基地去,邀请基地能手进学校),镇级基地以劳动实践,校级基地以项目课程或活动开展中小学劳动教育的明确的、清晰的工作思路❷。诸暨的劳动教育平台基地建设经验一方面显示出,通过挖掘地方特色资源以建设劳动教育平台基地,开展中小学的劳动教育活动,是当前破解部分学校劳动教育平台基地建设不足、层次偏低问题的有益尝试。中小学通过与地方特色资源的合作开发,可拓展多样化、多层次的劳动教育育人途径,也为学校开发活动课程提供了丰富资料源泉。另一方面,劳动教育实践平台基地建立的最终目标是实现中小学劳动教育育人效果,因此,制定清晰、可行的劳动教育基地使用规划或方案是丰富当前劳动教育新时代实践的重要支持。若中小学在建设实践平台基地的过程中忽视了与劳动教育的有效沟通和融合,则易使培养学生劳动价值观、劳动素养的目标发生偏移,不经意间落入"劳动教育就等于简单体力劳动"的陷阱。为此,中小学在挖掘地方劳动教育特色资源之余,也要制定清晰、可行的劳动教育规划方案,以保持实践平台基地与劳动教育内涵的沟通和联系,实现劳动教育育人的多样化和高水平。

(三)统筹规划以提升区域劳动教育育人效果

当前,中小学劳动教育基地平台的建设,大体形成了由地方教育行政部门主导和由学校自发探索建设的两条路径。由地方教育行政部门主导的劳动教育基地平台建设,往往是通过设置示范校或实践基地的形式进行,如宁波市教育局提出"在全市创建100所劳动教育示范学校,建立50所市级劳动教育实践基地"❸。"自上而下"建设劳动教育基地平台,可以统筹整合区域的资源,自身条件不足的中小学可以利用整个区域资源开展劳动教育,进而形成自身的基

---

❶ 浙江诸暨市人民政府.绍兴"四个聚焦"推动学生劳动教育见实效[EB/OL].(2020-05-09)
[2020-10-05].http://www.zhuji.gov.cn/art/2020/5/9/art_1474929_42864043.html.

❷ 中国教育新闻网.全国中小学劳动教育实验工作推进会发言摘登[EB/OL].(2016-10-12)
[2020-10-05].http://www.jyb.cn/zgjyb/201610/t20161012_41420.html.

❸ 浙江宁波教育局出台指导意见:中小学生每天劳动不少于一小时[N].中国教育报,2019-06-06.

地平台。而学校自发探索的劳动教育平台往往依托学校自身强大的资源条件,更有特色,如浙江省杭州市富春第七小学的"开心农场"、黑龙江省佳木斯市杏林小学的"红领巾植物园"❶。"自下而上"建设劳动教育基地平台对学校自身条件的要求更高,更适合自身资源丰富的学校实施。

只有同时发挥地方行政教育部门和各中小学的优势,推进劳动教育的基地平台建设,则能有效地带动区域内中小学的劳动教育基地平台建设,进而提升区域内劳动教育育人的效果。此外,在作为国家课程开设以前,劳动教育是综合实践活动的内容之一,因此,中小学应处理好综合实践活动基地与劳动教育基地平台的关系,既要保证先前建设的资源不被浪费,又须重新规划好劳动教育的基地平台建设。

三、中小学劳动教育实践:以"家—校—社"资源为助力

(一)家校合作、校外资源是劳动教育体系化的有力支持

家庭既是学生劳动教育发生的场所之一,也是给予学生劳动教育的重要主体。《中共中央　国务院关于全面加强新时代大中小学劳动教育的意见》在对中小学劳动教育做出总体规划的同时,也指出了家庭在中小学劳动教育的地位作用,"家庭要发挥在劳动教育中的基础作用"❷。其一,时间上,中小学生除了在学校度过的时间较长外,家庭是学生度过时间较长的又一场所,将学校与家庭联结起来❸,能保证劳动育人的连续性和深刻性。其二,效果上,相较于学校劳动教育的"规训",家庭的劳动教育对中小学生的劳动态度、素养的养成和行为规范更具有春风化雨、润物无声的作用❹。因此,家庭在中小学劳动教育中的地位是不可替代的。而学校重视家庭在劳动教育中的角色作用,积极开展

---

❶ 杨海霞."教学做合一":在生活教育中培养学生劳动素养[J].中小学管理,2020(4):24-25.

❷ 中华人民共和国教育部.中共中央　国务院关于全面加强新时代大中小学劳动教育的意见[EB/OL].(2020-03-20)[2020-05-03].http://www.moe.gov.cn/jyb_xxgk/moe_1777/moe_1778/202003/t20200326_435127.html?from=timeline&isappinstalled=0.

❸ 黄河清,马恒懿.家校合作价值论新探[J].华东师范大学学报(教育科学版),2011,29(4):23-29.

❹ 陈林,卢德生.小学劳动教育的路径及保障[J].教学与管理,2019(17):11-13.

劳动教育的家校合作,是挖掘家庭在中小学劳动教育体系中价值的途径表现,也是中小学劳动教育体系建设的有力支持。学校在中小学劳动教育中突出家校合作这一要素,对顺利推进学校劳动教育工作、实现学校的整体劳动育人效果有着不容忽视的意义。

社会作为中小学校开展劳动教育的又一关键支持,是劳动教育实践性的属性表征。劳动教育的实践性不仅规定了中小学劳动教育要使学生接触自然、走进自然,在与自然的互动中生发出对劳动的尊重和热爱,更是对劳动教育要与学生的社会生活相联系做出了要求❶。劳动教育与社会生活是紧密相连的,社会既用丰富的教育资源为中小学开展劳动教育提供了条件,也以情境化的内容使学生在复杂而真实的劳动实践活动中感知劳动❷,从而形成劳动的态度和素养,成为与21世纪发展相符合的劳动者。《中共中央 国务院关于全面加强新时代大中小学劳动教育的意见》提出,"社会要发挥在劳动教育中的支持作用",其中对社会服务性劳动以及新形态、新方式的社会劳动都给予了肯定❸,进一步将中小学校与社会联结的必要性充分阐述。因此,从劳动教育开展的总体布局上看,中小学也应高度重视社会对劳动教育开展的支持作用,借助校外力量与资源,积极探索劳动教育的实践。

(二)探索将学校劳动教育融入家庭、社会的实践经验

在各地中小学校在劳动教育中纳入家庭这一具有时间与空间意义的环节探索中,主要包括三种家校共同推进劳动教育的途径。首先,从意识上,让家长对中小学劳动教育的内涵与意义有比较全面的认识,使家庭和学校对劳动教育有着清晰的认识,可以通过家委会、家长会等形式与家长做好充分的沟通。如湖北省孝感市孝南区三汊镇初级中学多次召开家长会,发放多份《告家

---

❶ 赵荣辉. 论劳动教育的实践取向[J]. 教育学报,2017,13(1):16-22.

❷ 王鉴,安富海. 知识的普适性与境域性:课程的视角[J]. 教育研究,2007(8):63-68.

❸ 中华人民共和国教育部. 中共中央 国务院关于全面加强新时代大中小学劳动教育的意见[EB/OL]. (2020-03-20)[2020-05-03]. http://www.moe.gov.cn/jyb_xxgk/moe_1777/moe_1778/202003/t20200326_435127.html?from=timeline&isappinstalled=0.

长书》，组织家长观摩学生的劳动成果❶，通过行动争取家长对开展劳动教育的支持。其次，实践上，可以采取布置家务劳动作业等形式，让家长参与到以家庭为场所的劳动教育实践活动中。如四川省成都市金牛区充分延伸家庭劳动教育内容，编制了《金牛区中小学家庭劳动教育指南》，分学段确定家庭教育实施内容，将家庭劳动纳入了寒暑假作业的目录❷。此外，学校还可以邀请家长参与学校的劳动教育活动建设。如宁波市海曙区的广济中心小学在开展"生活劳动技能"大赛时，采用了班主任和家委会共同商议主题的形式❸，让家长充分了解并参与中小学的劳动教育实践过程。

在学校劳动教育与社会机构的合作探索上，一方面，各中小学可与社会机构积极互动，搭建起劳动教育更广阔的平台。社会在中小学劳动教育中的角色，已经不单单是提供开展劳动教育所需的实践基地，而越来越多地表现为与各中小学一道开展劳动育人的活动。如上海市沙田学校与社会开展起广泛、深度的合作：充分利用曹杨村史馆作为上海市爱国主义教育基地的资源优势，共同设计《爱教课程——新时代劳动教育》并开展学生体验活动；与区域内单位建立合作关系，让学生走进银行、律师事务所、职业学校、高科技创新园区❹。社会在中小学劳动教育育人上，不仅作为基地平台的共建者，更成为发挥社会劳动教育育人效果的独特角色。又如江苏省无锡市前洲中心学校充分发挥社区的劳动教育育人角色，鼓励学生帮助社区宣传专栏义务清理小广告、为社区居民写春联、慰问敬老院里的孤寡老人等❺，让学生在社会劳动的参与中形成尊重、热爱劳动的意识和习惯。

❶ 中华人民共和国教育部.劳动是快乐的根源[EB/OL].(2016-10-08)[2020-05-03].http://www.moe.gov.cn/s78/A06/A06_ztzl/ztzl_yxal/201610/t20161008_283213.html.

❷ 中华人民共和国教育部.探索"全劳动教育"模式 构建整体联动融合共生的教育生态[EB/OL].(2020-03-27)[2020-05-03].http://www.moe.gov.cn/jyb_xwfb/moe_2082/zl_2020n/2020_zl15/202003/t20200327_435394.html.

❸ 宁波市海曙教育发布.五一将至，看看海曙学子解锁了哪些劳动技能？[EB/OL].(2020-04-28)[2020-05-03].https://mp.weixin.qq.com/s/EWN-4ixv08cGK2JBNdr-hg.

❹ 眭定忠.城市中小学劳动教育的校本化实施路径——上海市沙田学校劳动教育探索[J].人民教育,2019(10):26-27.

❺ 孙琴芬,余春花.落实劳动教育需要常态化机制[J].人民教育,2020(1):68-69.

另一方面,社会机构及专家学者与各中小学合作开展的实践研究,能推动劳动教育育人效果的更好实现。中小学探索劳动教育育人的途径、模式,是从一线的实践总结中得来的,而高校研究专家的参与,能将实践总结与理论研究相结合,共同促进中小学劳动教育的顺利、有效开展。如北京市昌平职业学校成立起昌平区中小学劳动教育课程服务中心,致力于中小学劳动教育课程的研发、实施与推广,为了解昌平区中小学劳动教育开展的现状和需求,学校召开7次专家研讨会,邀请北京师范大学、北京教育科学研究院的专家学者指导课程建设[1],形成了"学校+专家"的实践研究型模式,更真实地了解了中小学劳动教育的内涵特征,从而开展了更具特色的中小学劳动教育实践活动。

案例五:浦江第一小学的"家—校—社"三位一体劳动教育实践体系

上海市闵行区浦江第一小学建校于1874年,自1998年学校开始劳动教育的探索以来,就逐渐形成了"家—校—社"三位一体的劳动教育实践体系。家庭、学校和社会共同融合于劳动教育的实践探索,主要从劳动教育的课程设计、课程实施和课程保障上体现出来。

其一,课程内容的设计上充分整合学校、家庭和社会场域要素,形成学校劳动教育系列校本课程。目前,浦江第一小学的"基础型"校本课程包括了"校内劳动""家务劳动""社会劳动"三大方面,"校内劳动"涉及我爱学习、小小岗位、DIY制作、STEM创客、美化教室、美化校园等系列内容,"家务劳动"涉及整理、美食系列、日常技能、中外小点、理财系列、工具使用等系列内容,"社会劳动"涉及小志愿者、岗位模拟、植物养护、美丽家园等系列内容[2]。从课程内容上将学校、家庭和社会中的真实场景进行了明确、规范的设计,使中小学的劳动教育实践从一开始就是学校、家庭和社会共同打造的结果。相较于部分中小学直接以学校为主要角色设计的多样化课程,浦江第一小学的劳动教育课程安排强调家庭、学校和社会三位一体,探索"探究型"和"拓展型"多样课程和年级差异,让家庭、社会更多地融入劳动教育。

其二,承接课程内容上家庭、学校和社会一体的设计框架,课程的实施过

---

[1] 段福生,等. 发挥区域职教资源优势构建中小学劳动教育课程体系[J]. 中小学管理,2020(4):19-21.

[2] 张蕊. 小学劳动教育:家校社三位一体见实效[J]. 中小学管理,2020(4):22-23.

程也天然地吸收和对接了家庭和社会力量的参与。"校内劳动"以班级为单位在学校场所内完成,"家务劳动"则是在班主任引导下,由家长对学生进行指导实践,而"社会劳动"则是在班主任、学生发展相关人员或社区人员的指导下完成。尽管在"校内劳动""家务劳动""社会劳动"的课程实施过程中,班主任需要一直开展协调、沟通工作,但事实上这已经凝聚起家庭、学校和社会的力量以共同实现劳动教育的育人过程。学生在记账、洗碗等家务劳动中逐渐体悟到劳动的价值,建立起劳动素养❶。

其三,除了校内教师、班主任参与到劳动教育的教育教学中,家长和社区人员也融入劳动教育的实践探索,构成了浦江第一小学整体劳动教育实践系统。家长担任专职教师,对学生进行的"家务劳动"进行指导,以及社区志愿者担任劳动教师,帮助学生完成探究型、拓展型实践课程,为浦江第一小学劳动教育实践的可持续开展提供了坚定支持。总体而言,浦江第一小学通过凝聚学校、家庭和社会三者的共同契合点——学生,精心编排课程、明确任务和环节,促成了三位一体的劳动教育实践体系(图4-3)。

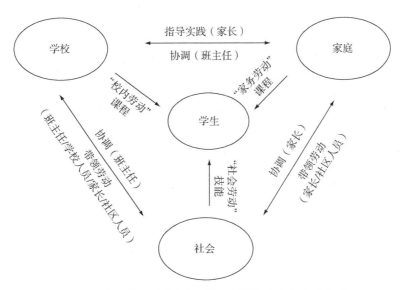

图4-3　浦江第一小学"家—校—社"劳动教育实践体系

❶ DIY:即"Do it yourself"的英文缩写,自己动手制作。STEM:科学(Science),技术(Technology),工程(Engineering)和数学(Mathematics)四类学科的英文缩写。

(三)提升家校合作成效并持续拓展校外资源

尽管各地中小学已经普遍重视劳动教育中家校合作环节的意义,且做出了积极探索,然而,如何在劳动教育的家校活动中调动起家长更大的参与积极性,是一个现实问题。一方面,当前中小学校劳动教育的家校合作角色定位并不清晰[1],家校参与往往变成了学校指导家长参与学生的劳动教育实践活动,家长更像是"被指导"的配合。另一方面,以家庭为场所的家庭劳动教育实践中往往成为"做家务劳动",新时代劳动教育的内涵在家庭的场域下被窄化[2]。正是因为部分家长未能充分理解劳动教育背后蕴含的劳动态度和素养,片面认为劳动教育就是"做家务",从而使学校在开展中小学劳动教育时受到阻碍。因此,家长与学校之间增加沟通,或通过如家委会等固定组织机构,使其形成平等协作的关系,让家长真正自发地意识到劳动教育的内涵,才能发挥出真正意义上家校"合作"对中小学劳动教育开展的推动效果。

社会作为与学校、家庭同样重要的场域,具有无可比拟的劳动教育育人优越性。社会不仅可以被动地为各中小学校提供实践平台基地,还可以主动地与学校共同开展劳动教育的丰富内容,为中小学劳动教育体系的构建提供强支持。因此,各中小学如何挖掘丰富的社会资源,融入劳动教育的实践探索中,是尤其值得关注的话题。对于自身条件不太充足的中小学而言,广阔的社会劳动教育资源可成为其推动劳动教育实践的解决思路。然而,校外的资源力量尽管丰富,但也存在良莠不齐的现象。因此,需要各中小学依据自身劳动教育开展的需要,有针对性地建立良好合作关系。同时,中小学在考虑与社会机构、专家建立合作关系的同时,也应考虑到持续性问题。由于中小学的劳动教育内容一定是不断变化、发展的[3],因此,在维持良好合作关系的同时,更新学校与社会间的合作内容,也是极为必要的。

---

[1] 金东海,蔺海沣.我国中小学家校合作困境与对策探讨[J].教学与管理,2012(34):7-10.

[2] 童星.家庭劳动教育勿窄化为做家务[N].中国教育报,2018-11-22(11).

[3] 王连照.论劳动教育的特征与实施[J].中国教育学刊,2016(7):89-94.

第三节 全面加强劳动教育实践效果的保障与评估

中小学劳动教育的实践活动作为复杂的、多主体配合工程,需要如师资、经费等构成要素的协调发力和保障。劳动教育教师队伍、专项经费的欠缺等都将制约中小学劳动教育课程的持续开设能力,以及其所能合作的劳动教育基地的水平层次和校外实践范围,并最终影响劳动教育育人的效果。同时,中小学的劳动教育实践并非一蹴而就的,而是需要在实践中不断改进。因此,实践过程中对中小学劳动教育育人阶段、终结效果的判断,既反映了这一阶段中小学劳动教育开展的水平,也影响到各主体对下一阶段开展中小学劳动教育工作的深入认识。

一、专业化的劳动教育教师队伍建设

(一)高质量师资是劳动教育有效实施的首要保障

高质量的劳动教育教师队伍是中小学开展劳动教育的首要保障,教师的劳动教育教学能力直接影响学生主体性的发挥❶。在中小学的劳动教育教学活动中,教师对于劳动教育的认知,会对学生认识和对待劳动教育产生直接、深刻的影响。若教师没有全面贯彻劳动教育理念,则难以在实际的劳动教育实践活动中对学生进行有效的指导,从而影响劳动教育活动的效果。因此,中小学开展劳动教育,迫切需要一支高质量的劳动教育教师队伍。

劳动教育教师对学生提供的专业、精确的指导,能调动起学生参与劳动的兴趣和热情,且劳动教育课程的实践活动属性,从本质上规定了教师指导的必要性。因此,这对中小学劳动教育教师的知识、能力和个性等多方面都提出了要求,劳动教育教师的劳动教育知识与技能等都应得到足够的保证和发展。《中共中央 国务院关于全面加强新时代大中小学劳动教育的意见》明确把教师

---

❶ 李芒. 论综合实践活动课程与教师的教学能力[J]. 教育研究,2002(3):63-67.

队伍的培养放在了支撑保障劳动教育的体系组成之下❶，由此可见，中小学劳动教育中教师队伍的培养不可或缺。

(二)探索劳动教育师资建设的有效模式

中小学对劳动教育教师队伍的建设，主要有教师的数量、类型及培训等。在保证劳动教育教师队伍的数量上，中小学一般采用"专职+兼职"的模式，既有专门负责劳动教育的专职教师，也有临时指导学生活动的外聘或兼职教师。如上海市闵行区浦江第一小学密切联系家长和社区人员，进行校内辅导员、校外家长辅导员、社区辅导员的队伍建设，根据"劳动"校本课程与探究型、拓展型课程实践的不同，分别由班主任和家长、相关教师和社区志愿者担任劳动教育教师❷，保证学生在参与劳动教育实践活动中能得到及时、有效的指导。

在丰富劳动教育教师的类型上，中小学形成了学校专业教师、兼职教师与外聘教师并存的教师队伍。如山西省晋中市在利用好原有的通用技术、劳动技术等专业教师的基础上，鼓励班主任、科任教师、少先队辅导员担任兼职教师，并外聘当地的能工巧匠和非遗传承人，❸开展劳动教育课程，保障劳动教育教师队伍构成的丰富性。在劳动教育教师队伍的培训上，根据不同类型的劳动教育教师，进行差异化培训。如湖北省孝感市孝南区三汊镇初级中学针对家长中的种植能手、养殖大户，有劳动特长的教师和新分配的青年教师开展培训活动❹，北京师范大学天津附属中学通过采取鼓励教师参加专业进修、建立教师工作室、推荐参加高级别培训、资助自选课题研究等多种形式，实现教师的专业纵向或横向发展❺。

---

❶ 中华人民共和国教育部.中共中央 国务院关于全面加强新时代大中小学劳动教育的意见[EB/OL].(2020-03-20)[2020-05-03].http://www.moe.gov.cn/jyb_xxgk/moe_1777/moe_1778/202003/t20200326_435127.html?from=timeline&isappinstalled=0.

❷ 张蕊.小学劳动教育:家校社三位一体见实效[J].中小学管理,2020(4):22-23.

❸ 中华人民共和国教育部.坚持立德树人推进劳动教育[EB/OL].(2016-10-08)[2020-05-03]. http://www.moe.gov.cn/s78/A06/A06_ztzl/ztzl_yxal/201610/t20161008_283220.html.

❹ 中华人民共和国教育部.劳动是快乐的根源[EB/OL].(2016-10-08)[2020-05-03].http://www.moe.gov.cn/s78/A06/A06_ztzl/ztzl_yxal/201610/t20161008_283213.html.

❺ 杨伟云,等.与时俱进系统实施:60余载铸就劳动教育"金名片"[J].中小学管理,2020(4):12-14.

案例六：北京师范大学天津附属中学的劳动教育教师队伍建设

北京师范大学天津附属中学（原天津市第十三中学，简称"北师大天津附中"）位于天津市河西区，是由天津市河西区教育局与北京师范大学合作创办的示范高级中学。该校从1958年办学开始，就开展了劳动教育的实践探索。在新时期的劳动教育实践中，形成了以课程群为主导的劳动教育活动经验和专业化的劳动教育教师队伍建设机制。

其一，成立5人组的专职劳动教育教师队伍，以专职劳动教师推动劳动教育实践专业化。北师大天津附中的劳动教育教师队伍现包含天津市首位通用技术学科特级教师、国家"万人计划"教学名师、全国劳技教育优秀教师，专职固定的劳动教育教师团队为学校劳动教育实践活动的开展提供了稳定保障。专业化教师在指导学生劳动实践过程中产生的尝试探索，可成为学校劳动教育实践的特色课程。如劳动技术和通用技术学科专职教师房灵勇，在指导学生开展劳动体验过程中，开发出木工校本课程。目前，北师大天津附中已开发出膳食营养与食品安全、陶艺、影视制作等特色课程项目，有力推动了学校的劳动教育实践，激发了学生对劳动教育实践的热情❶。其二，发挥学科兼职教师和校外能工巧匠专业优势，壮大学校劳动教育教师队伍。北师大天津附中的劳动教育教师队伍除专职教师外，还包括由劳动教育基地和社区居委会等机构人员担任的劳动教育辅导员，形成了"专＋兼"的劳动教育教师队伍。其三，做好劳动教育教师队伍的配套服务建设，以课题研究、培训等方式促进劳动教育教师发展。如北师大天津附中为出色的劳技教师建立起了劳动技术特级教师工作室，并通过邀请专家指导、委托合作平台培训、选派参加教学专业大赛等方式，切实促进劳动教育教师的专业化发展。此外，北师大天津附中还鼓励劳动教育教师参与科研课题，通过科研和实践的结合提高劳动教育教师的指导水平。迄今，北师大天津附中已完成"中学劳动技术教育历史、现状与创新发展研究""普通中学学生社团活动开发与社团管理研究"等多个课题研究，并已将"中小学五育的比较研究初探""加强课程资源建设，促进高效教学

---

❶ 陈欣然. 劳动教育在创新中焕发生机——北师大天津附中提高劳动教育专业性促进学生全面成长［N］. 中国教育报，2019-04-16（1）.

发展"等研究成果予以推广,形成了良好的示范效应❶。

(三)整合原有课程师资以缓解学校压力

尽管中小学劳动教育教师队伍的建设意义重大,但真正关注此问题的学校还是较少,遑论教师劳动教育相关的能力培养和专业发展。2019年,浙江省中小学劳动教育的调研报告显示:18.49%的教师认为自己急需相关方面的培训来提升自己,6.85%的教师表示自己不了解劳动教育,仅有25.54%的教师认为自己完全有教学能力。劳动教育的师资队伍建设已成为了继实践基地平台建设后的第二大困难❷。天津市中小学劳动教育现状的调查结果也显示,师资力量不足是开展劳动教育最显在的障碍。现有的劳动教育师资严重不足,具有专业基础功底的劳动教育教师更是匮乏❸。此外,还有劳动教育教师专业发展的诸多问题未被关注,如劳动教育教师在中小学劳动教育中应当如何规范操作、具体应当负责哪些工作? 劳动教育教师队伍建设不足、专业发展困境及教师角色的规范标准不一,都影响着中小学专业化劳动教育教师队伍的建设,进而也约束了中小学劳动教育向更深入、多层次、高水平的方向发展。

为此,在中小学劳动教育教师队伍建设不足、师资匮乏的情况下,结合新时代劳动教育内涵,整合中小学原有的课程与师资更具操作性。有必要先建立起一支稳定的劳动教育教师队伍,再对劳动教育教师的专业素养进行培养,因地制宜地吸收"家—校—社"等社会支持,在摸索中建立起实践经验。例如,可以把通用技术、劳动技术教师的已有师资利用好,鼓励班主任、任课教师及校内外志愿者等多种形式补充到劳动教育教师队伍中,辅助中小学劳动教育的开展。此外,积极挖掘社会师资资源,把能工巧匠、非遗传承人等纳入中小

---

❶ 中华人民共和国教育部. 北京师范大学天津附属中学:用劳动教育硬核的力量促进学生全面成长[EB/OL].(2020-03-27)[2020-10-05]. http://www.moe.gov.cn/jyb_xwfb/moe_2082/zl_2020n/2020_zl15/202003/t20200327_435407.html.

❷ 方凌雁. 劳动教育的现状、问题和建议——2019年浙江省中小学劳动教育调研报告[J]. 人民教育,2020(1):15-19.

❸ 武秀霞. "劳动"离教育有多远? ——关于劳动教育实践问题的反思[J]. 当代教育论坛,2020(3):114-121.

学劳动教育体系中,也能减轻学校在教师配置上的压力。总体上,中小学劳动教育教师队伍建设,需要地方政府统筹规划,学校发挥探索创新精神,才能保障中小学劳动教育的顺利推进。

二、扩大劳动教育经费的筹措来源

(一)教育经费是劳动教育可持续开展的重要保障

中小学的教育经费是学校维持运转、开展教育活动的重要保障[1]。中小学用于劳动教育的经费是否科学合理配置,也影响着中小学劳动教育实施的效果。为此,《中共中央 国务院关于全面加强新时代大中小学劳动教育的意见》指出,要健全经费投入机制,各地区要多形式筹措经费来源,而学校则需要统筹安排公用经费,可以采取政府购买服务的形式[2]。这反映了国家对劳动教育经费的保障给予了高度重视,并鼓励各地中小学在原有基础上统筹经费,并多渠道争取劳动经费的来源。

从中小学的教育经费构成看,公用经费中的日常公用经费和固定资产经费对于学校开展劳动教育购买必要的设备设施、租赁校外实践基地等都提供了基础支持[3]。同时,中小学开展劳动教育,还需在国家、地方划拨的教育经费外,尽可能地筹措用于劳动教育的专项经费,以此保证学校劳动教育实践活动的有效实施。

(二)探索专项资助与课题研究等资金来源模式

虽然国家在《中共中央 国务院关于全面加强新时代大中小学劳动教育的意见》和《大中小学劳动教育指导纲要(试行)》中对劳动教育经费的保障做出

[1] 秦玉友,曾文婧.农村中小学公用经费支出:发展判断与优化逻辑[J].中国教育学刊,2019(7):54-61.

[2] 中华人民共和国教育部.中共中央 国务院关于全面加强新时代大中小学劳动教育的意见[EB/OL].(2020-03-20)[2020-05-03].http://www.moe.gov.cn/jyb_xxgk/moe_1777/moe_1778/202003/t20200326_435127.html?from=timeline&isappinstalled=0.

[3] 闫德明.城乡义务教育经费投入一体化水平实证研究——以X省为例[J].教育发展研究,2015,35(3):16-21.

了总体设计,但尚未明确形成关于劳动教育的转移支付机制。在劳动教育的资金保障上,除各地区中小学统筹安排公用经费以支持劳动教育活动的途径外,地区政府还采用了"以奖代补"的形式,通过建设劳动教育特色学校和社会实践基地项目,从教育经费中划拨部分支出,用于支持中小学劳动教育的开展。所在地区的中小学校及单位则依据自身条件,进行特色学校和社会实践基地的申报,进而得到地方政府的专项资金支持。如福建省泉州市教育局2016年印发了《泉州市中小学劳动教育特色学校创建工作指南》,培养、确定了首批22所特色学校,并从市本级教育经费中划拨240多万元作为劳动教育专项经费❶。2016年,山西晋中结合教育部9.5万元专项经费,另下拨了51万元的专项经费,用于重点实验区和实验单位的劳动教育开展❷。此外,浙江省宁波市、河北省石家庄市等地均已陆续采用示范校或实践基地的形式,支持本地区中小学劳动教育的开展。

特别值得一提的是,部分中小学校还将劳动教育的实践探索与课题研究结合起来,通过课题经费获得对中小学劳动教育的资金支持。如辽宁大连沙河口、浙江杭州富阳区、福建泉州等地的中小学都基本形成了课题牵引劳动教育资金的模式。

案例七:福建泉州的劳动教育经费筹措尝试

福建泉州自2015年10月被教育部确定为"全国中小学劳动教育实验单位"后,便开始了中小学劳动教育实践的探索。2017年年底,福建泉州的劳动教育实验工作基本结束,并进入到劳动教育实践经验的推广阶段。在福建泉州探索出的中小学劳动教育众多实践经验中,关于中小学劳动教育经费问题的处理办法,尤其令人瞩目。

总体上,福建泉州中小学在开展劳动教育实践中的经费来源主要由三方面构成:政府为中小学从市级教育经费中划拨专项经费支持、政府"购买服务"与合作、申请劳动教育课题获得的资金支持。在"全国中小学劳动教育实验单

---

❶ 中华人民共和国教育部.让学生在劳动中绽放生命活力[EB/OL].(2016-10-08)[2020-05-03].
http://www.moe.gov.cn/s78/A06/A06_ztzl/ztzl_yxal/201610/t20161008_283214.html.

❷ 中华人民共和国教育部.坚持立德树人 推进劳动教育[EB/OL].(2016-10-08)[2020-05-03].
http://www.moe.gov.cn/s78/A06/A06_ztzl/ztzl_yxal/201610/t20161008_283220.html.

位"确定后,福建泉州便立即制定了《"全国中小学劳动教育实验单位"泉州市实验工作方案》。方案从2016年1月开始执行,延续到2017年12月。福建省泉州市政府在该方案中确定了要创建一批示范性劳动教育实践基地和劳动教育特色学校的目标,并随后通过推动各地中小学校开展有效的劳动教育实践探索,获得劳动教育经费的"以奖代补"方式,保证了劳动教育经费的稳定支出和资金的利用效率。即便劳动教育实验工作完成后,也继续将劳动教育的专项经费划拨作为区域内中小学开展劳动教育的保障措施。并且,在《泉州市教育局关于加强中小学劳动教育的实施意见》中,还补充说明了"要制定相关扶持政策、补助办法和激励措施,鼓励社会各界和企事业单位、个人支持劳动实践基地建设和劳动教育的开展",并且"对企事业单位集中接受学生劳动实践产生的耗材、误工等成本费用可给予合理的经费补助"❶。"明补"加"暗补"的方式有效推进了福建泉州的中小学劳动教育工作开展。

同时,泉州市政府还在拓展劳动教育资源中购买如乡村、企业等周边农场的服务,并与当地企业(商场等)建立起合作关系❷,极大地减轻了学校个体在开展劳动教育活动实践中面临的资金压力。此外,泉州市还开展了"现代劳动教育的德育价值与实现路径"的省级课题研究,以课题研究经费增加劳动教育实践探索的资金存量❸。

(三)探索更加多元化的资金筹措渠道

中小学劳动教育的开展必然需要有充足的资金,然而如何筹措劳动教育资金是一个现实难题。尽管各地区政府和学校通过建立示范校和实践基地的方式划拨专项资金,但能得到资金支持的学校毕竟只是少数。对于没能通过示范校、课题等形式筹措到资金的中小学而言,仅仅统筹安排学校的教育经费来

---

❶ 泉州市教育局.泉州市教育局关于加强中小学劳动教育的实施意见[EB/OL].(2018-05-11)[2020-10-05].http://jyj.quanzhou.gov.cn/zwgk/zfxxgk/gdgk/jyfg/jygf/201805/t20180511_2235436.htm.

❷ 中国教育在线.全国中小学劳动教育实验工作推进会发言摘登[EB/OL].(2016-10-12)[2020-10-05].https://www.eol.cn/shandong/shandongnews/201610/t20161012_1457281.shtml.

❸ 泉州网.泉州"接地气"劳动教育赋能学生成长[EB/OL].(2020-08-19)[2020-10-05].http://news.xmnn.cn/xmnn/2020/08/19/100769712.shtml.

支持劳动教育的开展,显然是不够的。因此,各地区政府和学校应积极探索更加多元化的劳动教育资金筹措渠道,尝试获得社会公益组织、基金会的支持,或通过如政府购买服务、政府和社会资本合作(PPP)模式多元化解决中小学劳动教育资金难题。通过以上方式,使得各地区中小学都能以不同形式获得劳动教育的支持,进而推动中小学劳动教育育人水平的整体提升。

三、将劳动教育纳入学生发展考核评估

(一)评估是确保劳动教育成效的关键一环

评估工作是中小学劳动教育众多保障机制中的关键一环,通过对劳动教育开展的评价,可以引起中小学的自我反思,基于社会转型、学生未来发展做出定位、判断,进而实现劳动教育的创新发展。[1]《中共中央 国务院关于全面加强新时代大中小学劳动教育的意见》明确了强化督导检查内容,并将劳动教育纳入教育督导体系,作为督导部门和学校负责人的考核依据,开展监测工作[2]。可以说,对各地区教育行政部门及中小学的督导,是保证中小学开展劳动教育全面落实的必要手段。

科学的评估能了解各级政府部门和中小学是否贯彻落实了新时代劳动教育育人工作,了解劳动教育对学生劳动态度、素养是否产生了积极作用。

(二)探索以促进学生发展为目标的评估方案

在对各级政府及其相关部门、学校的评估上,2015年,《教育部 共青团中央 全国少工委关于加强中小学劳动教育的意见》出台后,各级教育督导部门开始了劳动教育的督导,并将学校劳动教育实施情况纳入了中小学责任督学挂牌督导的内容[3]。《中共中央 国务院关于全面加强新时代大中小学劳动教育的

❶ 王连照.论劳动教育的特征与实施[J].中国教育学刊,2016(7):89-94.

❷ 中华人民共和国教育部.中共中央 国务院关于全面加强新时代大中小学劳动教育的意见[EB/OL].(2020-03-20)[2020-05-03].http://www.moe.gov.cn/jyb_xxgk/moe_1777/moe_1778/202003/t20200326_435127.html?from=timeline&isappinstalled=0.

❸ 中华人民共和国教育部.教育部 共青团中央 全国少工委关于加强中小学劳动教育的意见[EB/OL].(2015-07-24)[2020-05-03].http://www.moe.gov.cn/srcsite/A06/s3325/201507/t20150731_197068.html.

意见》进一步强化了对各级政府及相关部门、中小学的督导,明细了公开督导结果、作为区域教育质量和水平的指标、作为负责人考核奖惩依据等具体督导总体设计❶,给予了中小学开展劳动教育有力的政策支持。

在对中小学劳动教育实施效果的评估上,《教育部　共青团中央　全国少工委关于加强中小学劳动教育的意见》一开始就要求学校建立学生劳动评价制度,并将其纳入学生综合素质档案,作为升学、评优的重要依据❷,随后扬州市、宁波市、桂林市、北京市等地已陆续探索将劳动教育纳入中考综合素质评价和高中学分考核制度,通过中考、学分考核等形式考查学生的劳动教育态度和素养。同时,各地区中小学也积极开展起了劳动教育效果的评估,如黑龙江省佳木斯市杏林小学设计了"劳动课程学习评价单",形成"达标和等级""过程和结果""个性和发展"相结合的综合评价体系❸,上海市闵行区浦江第一小学将劳动教育与少先队活动中的"雏鹰争章"活动相结合,专门设置了培养儿童劳动素质的特色奖章,包括小小岗位"打扫章"、我爱学习"好学章"、DIY创作"服饰章"等,形成争章、考章的个性化劳动教育效果评估方案❹。

案例八:大连沙河口区的劳动教育实践评估

作为全国十个劳动教育实验区之一,大连沙河口于2015年11月起开始了中小学劳动教育的实践探索。在具体工作中,沙河口确立起了"有机融入、课程引领、实践体验"的基本思路,而"以'体验'为切入点,以'实践'为突破点,以'融入'为关键点,以'课程'为着力点"的劳动教育体系更是得到了专家和同行工作者的充分肯定❺。

---

❶ 中华人民共和国教育部.中共中央　国务院关于全面加强新时代大中小学劳动教育的意见[EB/OL].(2020-03-20)[2020-05-03].http://www.moe.gov.cn/jyb_xxgk/moe_1777/moe_1778/202003/t20200326_435127.html?from=timeline&isappinstalled=0.

❷ 中华人民共和国教育部.教育部　共青团中央　全国少工委关于加强中小学劳动教育的意见[EB/OL].(2015-07-24)[2020-05-03].http://www.moe.gov.cn/srcsite/A06/s3325/201507/t20150731_197068.html.

❸ 杨海霞."教学做合一":在生活教育中培养学生劳动素养[J].中小学管理,2020(4):24-25.

❹ 张蕊.小学劳动教育:家校社三位一体见实效[J].中小学管理,2020(4):22-23.

❺ 大连沙河口:铸造劳动教育的样本[EB/OL].(2018-11-08)[2020-10-05].http://edu.people.com.cn/n1/2018/1108/c1006-30389659.html.

在对中小学劳动教育实践效果的评估上,大连沙河口也颇具经验。一方面,在开展劳动实验工作初期,大连沙河口就对学生的劳动素养评价制度和标准进行了研发,并纳入到学生的综合素质评价体系中❶。学生参与劳动教育过程中的观念、意识、习惯、技能和情感等方面的深层次内涵在该评价体系中均得到了体现,这为后续劳动教育实践的推进提供了较好的反馈依据。且前期沙河口区域内以玉华小学为代表的12所小学,对中小学学生劳动教育效果的评估形式和内容也做出了实际的操作探索。而另一方面,大连沙河口在劳动教育的实践中加入了"优秀榜样"的激励性评价。如在全区内评选各个类型劳动教育的"好少年",在学生群体间形成积极风气❷。尽管上述两个关于劳动教育评估的实践探索后来都被融合进了教育部印发的《大中小学劳动教育指导纲要(试行)》文件中,但"将劳动素养与学生综合素质评价体系相结合"和"榜样激励"的劳动教育实践尝试依然有着深刻的借鉴意义,尤其是在操作的细化层面上。

(三)丰富劳动教育有效评估指标内涵

总体上看,当前对中小学劳动教育的评估已经形成了相对成熟的体系。《大中小学劳动教育指导纲要(试行)》文件指出了"劳动教育评价"和"督导评估与激励"环节的重要性。开展中小学劳动教育的各个相关主体,都有与之适应的评估内容。对各级政府及相关部门、学校的评估,为中小学劳动教育开展构建了稳定的外部基础,而在各中小学内部,也存在对学生劳动教育态度和素养的评估方法。

然而,就对中小学劳动教育评估本身的意义来看,如何真正实现"以评促进""以评促改"的评估效果,仍有待实践检验。对于在评估过程中明显处于弱势的部分区域中小学,能否调整评估方式,给予与其匹配的评估模式或采用"评估+支持"的方式,如开展中小学劳动教育的对口支援、利用线上远程方式实现劳动教育资源的共享等。而从中小学内部开展的针对学生劳动教育效果评估来看,填写评价单的方式是否能够有效反映学生接受劳动教育后的效果,

---

❶ 同❸.

❷ 大连新闻网.沙河口区积极构建劳动教育体系[EB/OL].(2016-09-23)[2020-10-05]. http://www.dlxww.com/news/content/2016-09/23/content_1822587.htm.

由于劳动教育的内涵仍在发展,有待更多研究进一步检验。同时,中小学劳动教育评估的标准是什么,需要各学校在实践探索中逐步明晰。只有明确了中小学劳动教育育人应该达到的标准,才能做出与之相适应的评估方案,进而切实推进中小学劳动教育的不断改进和完善。

小　结

中小学在构建新时代劳动教育体系的过程中积极摸索实践,积累了宝贵且丰富的劳动教育实施经验。总体上看,中小学达成了开展劳动教育的普遍社会共识,探索出各具特色的区域发展模式。从政府政策、学校认识、课程开发、基地建设、"家—校—社"合作、专业化师资、经费来源和实施效果的评估等多个方面,汇聚成具有推广借鉴意义的中小学劳动教育实践框架(图4-4)。

中小学劳动教育实践框架体现了劳动教育探索的"自上而下"驱动导向、区域非均衡和条件外源的发展特征。中小学劳动教育实践过程,以国家或地方政策为主要驱动力,形成"试点—推广"示范效应。在开展中小学劳动教育比较典型的区域或学校中(如成都金牛、浙江诸暨、大连沙河口等),都是在2015年10月前后,教育部提出中小学劳动教育实验工作号召下推进展开的,进而积累了劳动教育体系化建设的经验。而开展劳动教育工作较好的杭州市富春第七小学、上海市浦江第一小学、重庆市人民小学等,也是在原有学校劳动教育发展传统基础上,通过《中共中央 国务院关于全面加强新时代大中小学劳动教育的意见》和《大中小学劳动教育指导纲要(试行)》的政策推动,实现了更高层次的发展。

值得关注的是,在实践中,多数中小学劳动教育完成度高的学校集中在东部地区或中西部资源丰富地区,劳动教育实践的地区差异和不平衡逐渐显现。今后,若要实现中小学劳动教育更高水平的发展,破解区域间劳动教育发展的差异,应是中小学亟须重点关注的内容。此外,与其他国家的中小学劳动教育建设路径不同,我国的劳动教育发展具有更多的外源性特征。中小学的劳动教育发展缺少内在牵引的动力机制,对大部分学校而言,资金、师资、平台都不同程度地限制了中小学劳动教育的实践。未来保障稳定的资金来源、吸引更多社会资源,仍是我们面临的难题。

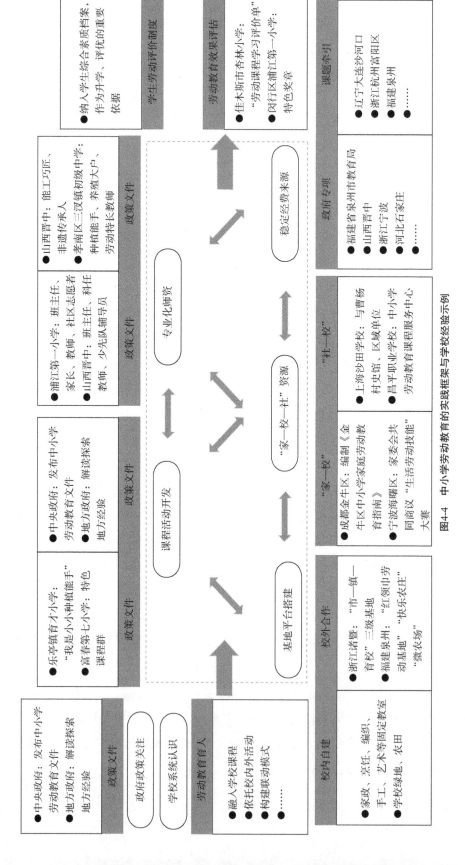

图4-4 中小学劳动教育的实践框架与学校经验示例

第五章　全面加强我国中小学劳动教育的对策建议

劳动教育作为"五育"的重要组成部分,对培养德智体美劳全面发展的社会主义建设者和接班人,培养担当民族复兴的时代新人具有至关重要的意义。党和国家领导人对劳动教育的重视,以及中央、教育部有关政策和地方配套措施的出台,必将对劳动教育的普及和推广起到重要的推动作用。为了更好地推动政策贯彻落实,基于理论分析、先进经验、现状调研与典型案例的研究,从准确把握新时代劳动教育的理念内涵、构建课程体系、发挥"家—校—社"三方教育合力、加强保障机制、探索特色实践模式等五个方面提出对策建议,以期为地方教育行政部门和中小学推进新时代劳动教育提供参考。

第一节　准确把握新时代劳动教育的理念与内涵

理念是行动的先导,无论作为教育管理者还是教师,只有准确把握新时代劳动教育的理念和内涵,才能科学地推动劳动教育政策的落地,确保劳动教育真正发挥育人的功能。

一、加强新时代劳动教育理念内涵的宣介

劳动教育要实现常态化、规范化、可持续的发展,离不开向学校管理者、教师、家长、学生灌输劳动教育理念,有必要帮助他们准确把握新时代劳动教育的内涵与外延。现有政策已对劳动教育的重要性、育人价值做了较好的普及工作,但在具体落实中,暴露出成效不足的问题。为此,地方教育主管部门作为劳动教育政策落地的重要主体,应立足于新时代劳动教育的教育价值,切实做好新时代劳动教育政策解读与宣传工作,引导各类学校正确认识新时代劳

动教育的性质、内涵与价值,从而推动学校认真落实劳动教育政策,切实提高学校开展劳动教育的成效。其次,学校作为劳动教育实践的直接实施者,应发挥主导作用,校领导带头组织劳动教育政策的学习,组织对新时代劳动教育内涵的学习和研讨,真正把握劳动教育的科学内涵和精神实质,同时要借助学校内部会议、家长会等多种途径,借助互联网等多媒体技术,加强对新时代劳动教育科学内涵的普及宣传,引导广大教师和家长及社会各界认识到劳动教育的重要性、科学性,为学校劳动教育课程的实施创设良好的环境。

二、树立新时代劳动价值观

劳动教育的生机与活力,源于从原始社会就开始的人对于劳动的不断探索,也是马克思主义教育原理中关于人存在的本质要求。劳动教育与时代相融合,适应时代变化,不断与时俱进,形成了劳动教育新的发展业态。千百年来,中华民族历来有尊重劳动的传统,新时代强调在学生中弘扬劳动精神,既有对马克思主义关于劳动教育论述的继承和发展,也充分传承了我国劳动教育的优良传统,并充分结合时代的要求。在此基础上,新时代劳动教育要求"适应科技发展和产业变革,针对劳动新形态,注重新兴技术支撑和社会服务新变化。深化产教融合,改进劳动教育方式。强化诚实合法劳动意识,培养科学精神,提高创造性劳动能力"。由此可见,新时代的劳动教育,不同于传统的体力劳动,而是脑力劳动与体力劳动的深度融合,这是新时代劳动的重要特征。因此,无论是教育主管部门还是学校,都要引导教师和家长树立新时代的劳动教育价值观,积极顺应社会发展趋势,体现时代特征,除了简单的生活自理劳动及生产性劳动外,还要创造条件让学生参加新形态的劳动、创造性劳动等,引导新时代劳动教育的新方向。

三、树立面向未来的劳动教育新理念

在信息化高速发展的今天,以大数据、人工智能、区块链、量子计算等为代表的新技术深刻影响着人们的生产生活方式。相应地,人类改造世界的方式也在发生变化,劳动形式进一步演化,形成新形态的劳动。同时,当前我国经济发展进入新常态,国家产业面临转型升级,劳动形态发生深刻变化,我国第三产业占 GDP(国内生产总值)的比例已经超过了 50%,从业人员就业占比从 2015 年的 42.4% 上升到 2019 年的 47.4%,成为吸纳就业人员的主渠道❶。和传统产业对劳动者的素质要求相比,迫切需要一批热爱劳动、具有创造性劳动能力的高素质工作者,为转化经济增长动力、促进经济结构优化升级,提供支撑与动力。2020 年,受新冠肺炎疫情的影响,许多适宜在家办公的新的劳动形式开始出现。此外,人工智能时代将人引入人机协同的世界同时,也向人的理性能力发起挑战。劳动教育如何超越将劳动单纯视为技能训练的认识局限,使人自觉认识到劳动是彰显生活意义的个体实现过程,这成了人工智能时代劳动教育促进个体自由全面发展的可为空间。那么,对于教育主管部门和学校管理者来说,一定要改变传统的劳动教育理念和观念,积极面向未来,以前瞻性的视角,培养未来社会所需要的创新型、高素质的劳动者。

第二节　加快构建新形态的劳动教育课程体系

课程是人才培养的重要载体,只有构建基于新时代特点的系统化和规范化的劳动教育课程体系,通过课程全员、全方位、全过程育人,才能真正有效发挥新时代劳动教育的育人功能。

一、因地制宜整合与开发现有课程资源

现阶段,我国对中小学劳动教育的育人途径进行了有益的实践探索,已初步形成了"国家—地方—学校"的体系化课程,这对于今后深化劳动教育与学校课程融入的实践,以及学校劳动教育课程化工作进一步开展具有基础性意义。随着新时代劳动教育逐渐由单一走向整合,劳动教育形态不断变化,劳动教育课程内容也丰富起来,对应的教学方法也需要不断更新。从发展的角度来看,新时代劳动教育不是单一孤立形式的教育,而是整合的教育实践。因此,无论对教育主管部门来说,还是对中小学而言,必须充分认识到,新时代劳

❶ 我国第三产业就业占比已达 47.4%[EB/OL]. (2020-06-05)[2020-08-01]. http://www.xinhuanet.com/2020-06/05/c_1126075524.htm.

动教育课程体系不能仅仅只是局限于开设一门劳动教育课程,而是要有效融合劳动教育及其他课程,这是提升新时代劳动教育成效的重要途径。中小学劳动教育课程作为一门学科,有存在的价值与意义,要努力追求一体化的综合课程,渗透在多学科教学中,并且做好不同学科间的相互衔接。总体来看,新时代劳动教育课程,既要做到国家课程、地方课程和校本课程纵向贯通、相互补充,又要做到各个学科之间横向渗透、相辅相成,发挥课程资源整合的最大效用。

二、探索内容丰富、形式多样的劳动教育课程

推动建立课程完善、资源丰富、模式多样、机制健全的劳动教育课程体系,是促进新时代劳动教育稳步推进的重要依托。教育主管部门、学校和教师要根据国家关于劳动教育的课程要求,切实履行职责,重视劳动教育课程建设。从不同层面来看,教育主管部门应制定劳动教育课程实施标准,规范明确劳动课程实施要求、教材选用、课时安排、具体操作等,以便系统指导各级各类学校的劳动教育课程开发与实施。学校自身应把握育人导向,依据校情、学情因地制宜开发各具特色的校本课程,进一步丰富劳动教育课程。教师要遵循教育规律,依据不同学段学生成长的不同需要,科学设计阶段化、层次化的课程体系,避免简单重复的体力劳动式教育。此外,学校还要有意识地加强学科渗透,将家政、烹饪、手工、园艺、非物质文化遗产等相关课程,渗透到学校日常教学中,探索兼具思想性、系统性、趣味性、实践性的劳动教育课程体系。

三、推动劳动教育课程生活化

劳动教育是按照新时代培养德智体美劳全面发展的社会主义建设者和接班人的总体目标,指导学生从日常生活、社会生产和社会服务实践出发,通过学校、家庭和社会多种途径和方式,培养学生形成劳动观念和精神、劳动能力和习惯的实践活动。从新时代劳动教育的内涵来看,劳动教育不只是在学校实施,而是要在家庭和社会中都要有体现,最终的落脚点也将归于日常生活。可以说,从学生的成长历程来看,新时代劳动教育具有生涯教育和生计教育的

特点,为未来生活和职业发展奠定基础。许多发达国家开展劳动教育的经验,就在于将劳动教育紧密融入校园和家庭之中。从更高层面来看,只有学生尊重热爱生活中的劳动,养成热爱劳动的习惯,才能将烦琐的日常劳动上升至艺术乃至哲学的层次,形成良好的劳动品格和劳动意志,进而发挥改造自然、改造社会、改造自我的作用。因此,学校在劳动教育课程的改革中,要努力让生活成为劳动教育开展的场所,用生活来检验劳动教育,只有引导学生在做中学、做中思、做中知,才能避免劳动教育流于形式,真正锻炼和提升学生的劳动能力。

第三节　充分发挥"家—校—社"协同育人的合力

"家—校—社"合作是现代教育发展的基本共识。从国外开展劳动教育的经验梳理和对国内劳动教育调研及典型案例的总结来看,"家—校—社"协同育人是新时代劳动教育的有效途径。

一、形成"家—校—社"三方平等协作的关系定位

形成"家—校—社"协同教育合力,离不开对三者角色与关系的合理科学定位。现有的教育系统中,家庭与社区常常处于辅助性角色,新时代劳动教育的内涵在家庭与社会场域下被窄化、弱化。在《意见》中强调劳动教育实施途径多样化,家庭要发挥基础作用,注重日常养成;学校要发挥主导作用,注重系统培育;社会各方面要发挥协同作用,对于三者的关系做了非常清楚的定位。因此,各地在落实政策过程中,要清楚明确各自的定位,就学校而言,要充分利用家委会等平台,做好充分沟通,促进形成平等协作的关系,由此形成真正意义上的三方协作,形成推动中小学劳动教育发展的强大合力。

二、充分利用家庭及校外相关教育资源

学生更早地接触社会,在实践中体验劳动的价值,能更好地通过实践培养学生的创造性和实践性。家庭是孩子的第一所学校,社会是大课堂。从这个

角度来看,家庭与社会作为个体成长发展的重要场域,具有劳动教育育人的优越性。从家庭角度来看,要注重衣食住行等日常生活中的劳动实践机会,鼓励孩子自觉参与,随时随地、坚持不懈地进行劳动,掌握洗衣、做饭等家务劳动技能,每年有针对性地学会一两项生活技能。从社会角度来看,要发挥协同作用,充分利用各类资源,为劳动教育提供条件保障。鼓励企业开放实践场所,特别是鼓励高新企业为学生体验现代科技条件下劳动实践新形态、新方式提供支持;群团组织和社会机构也要搭建多样化劳动实践平台,引导学生参加公益劳动、志愿服务等。因此,作为新时代劳动教育的主导,中小学应借助校内外资源,特别是要充分发挥中小学劳动教育的社会化功能,合理规范与挖掘潜在丰富的家庭与社会资源,融入新时代劳动教育的实践探索中来。

三、积极打造校内外劳动教育实践基地

劳动教育的学科融合等功能的实现,都有赖于优质的劳动教育实践基地的建设,若没有实践基地,实践性也就无从保障。而缺乏必要的劳动实践检验,劳动教育的育人功能将会受到极大削弱。对于教育主管部门来讲,要积极为学校提供有关的政策保障,引导校外企业、高校、科研院所等资源免费对中小学开放,并建设成相对固定的实践基地;同时,对学校来说,不仅可以在校内创设劳动教育工作室或劳动教育实践基地,还可以借助社会力量搭建劳动实习基地,整合校内外的劳动教育资源,积极与校园周边的种植场、工厂、商场、社区服务中心等单位联系,充分挖掘与利用所在地的资源,推动校内活动与校外实践相结合,更好地发挥新时代劳动教育的作用。

第四节　健全完善劳动教育保障机制

新时代劳动教育政策的贯彻落实,必须健全完善学校劳动教育保障机制。从研究和调研的情况来看,许多学校和地区普遍存在师资队伍不足、缺乏相应经费等问题;同时,一线教师普遍对于劳动教育是否纳入教育评价,也给予了较大的关注。

一、切实加强劳动教育师资队伍建设

教师是教育的重要资源,在教育中具有无可替代的作用,高质量的教师队伍是中小学开展劳动教育的首要保障。教师作为课程实施的主体力量,教学能力直接影响学生主体性的发挥。劳动教育的课程和活动强调学生在参与劳动实践中,自发形成对劳动的尊重和热爱,需要发挥教师的指导作用。当前劳动教育已初步形成了学校专业教师、兼职教师与外聘教师并存的教师队伍。面对当前教师队伍建设不足、师资匮乏的情况,整合师资力量势在必行,鼓励引进具有相应素质与能力的外聘教师。校长作为学校的负责人,是落实新时代劳动教育的第一主体,要带头宣传、弘扬劳动教育的理念,带领广大教师积极贯彻落实新时代劳动教育的理念和精神。新时代的劳动教育对教师劳动教育理念与教学实践提出了新要求,尤其是对于新教师来说,要积极在课程设计、教学目标、教学方法上创新,锻炼学生创造力及吃苦耐劳的精神,发挥言传身教的积极作用。

二、探索多元化的劳动教育资金筹措途径

充足的专项资金是学校劳动教育顺利实施的重要保障。从调研的情况来看,大部分的中小学校在劳动教育资金方面没有预算或经费不足。在《意见》出台之后,各地政府和学校已尝试通过建立示范校和实践基地的方式划拨专项资金,但对于没能通过示范校、课题等形式筹措到足够资金的中小学而言,仅仅靠统筹安排学校的教育经费来支持劳动教育的开展,显然力度是不够的。因此,从地方政府层面来看,可以通过购买服务、政府和社会资本合作(PPP)模式多元化解决中小学劳动教育资金难题;从学校层面来看,也应积极探索更加多元化的劳动教育资金筹措渠道,尝试获得社会公益组织、基金会及企业的支持。通过多元化的资金筹措方式和渠道,推动中小学获得劳动教育教学所需的经费支持,进而实现中小学劳动教育育人水平的整体提升。

三、建立科学的劳动教育评价体系

有效的教育评价是顺利开展教育活动的重要制度保障。现阶段,关于中小学劳动教育的评估还没有形成成熟的评价体系。虽然从宏观政策层面,开展中小学劳动教育的各个相关主体,都有与之适应的评估方案。对各级政府及相关部门、学校的评估,为中小学劳动教育构建了稳定的外部基础。在各中小学内部,存在对学生劳动教育态度和素养的评估方法。然而,现阶段对劳动教育是否纳入及如何纳入学生综合素质的评价,仍有待进一步讨论与验证,从而避免劳动教育在实践过程中可能会产生的功利化倾向。与此同时,中小学劳动教育评估的标准是什么,也还需要各学校在实践中探索。只有明确了中小学劳动教育育人应该达到的标准,才能做出与之相适应的评估方案。从我国的国情和教情来看,只有将考核结果作为评优、评先和毕业的依据,作为高一级学校招生录取的重要参考或依据,评价结果的使用才有力度和效度。但是在使用这些功利化评价的同时,还需要坚持以学生为本,真正落实促进学生全面发展的育人目标。

第五节 积极探索具有中国特色的劳动教育模式

习近平总书记在全国教育大会上关于劳动教育的重要讲话及《意见》的出台,为新时代劳动教育提出了更高要求。我国坚持以马克思主义关于人的全面发展理论为指导,坚持教育与生产劳动和社会实践相结合,不断探索劳动教育的实践模式。从中小学的实践来看,就是要努力探索有中国特色的劳动教育模式。

一、全面落实德智体美劳"五育并举"总体要求

"五育并举"的提出,强化了新时代劳动教育的地位和作用。新时代劳动教育以劳树德、以劳增智、以劳健体、以劳育美,促进人的全面发展,其最大的价值不在于让学生学习掌握一门技能或技术,而在于通过劳动教育立德树人。

从人才培养角度出发,劳动教育作为素质教育的重要组成部分,能够在劳动实践中培养学生的实践技能、独立生活能力、发现与欣赏美的能力,热爱劳动、尊重劳动人民、爱惜劳动成果的精神,以及吃苦耐劳、勇于创新的品质。这些能力和品质的养成,远远超过了一般意义上的考试成绩,真正为学生的健康成长、终生幸福奠基,由此体现了新时代劳动教育独特的育人价值。因此,教育主管部门和学校要认真落实党的教育方针,以新时代劳动教育的政策实施为抓手,努力培养德智体美劳全面发展的社会主义建设者和接班人。

二、加强新时代劳动教育应与时俱进

教育与生产劳动和社会实践相结合,是我国教育方针的重要内容,也是社会主义教育基本性质的体现。党的十八大以来,习近平总书记在多次重要讲话中围绕劳动、劳动者、劳模精神等内容作出深刻阐述。在社会生产力高速发展的今天,劳动形态的不断更迭也成为当下社会的常态。因此,劳动教育的内涵和目标应当与时俱进,根据时代要求作出相应调整。中小学需保持开放的姿态,高度关注劳动形态的变化并及时更新教育内容,努力创新方式、方法,更加注重创造性思维、复杂性思维、解决问题能力和系统方法论的培养,让学生学会手脑并用,自觉认识到劳动是个体寻求、彰显与实现生活意义的过程,从而真正发挥其育人功能,促进学生健康成长和全面发展。

三、打造具有区域特色的劳动教育实践模式

建设具有中国特色的劳动教育模式,为打造新时代劳动教育实践模式提供了科学指南和根本遵循。各地各校要善于把握机遇,利用好已有优势和特色,努力打造有特色的劳动教育实践模式。需要注意的是,新时代劳动教育的开展,绝不是"喊口号",也不是标新立异,而是要在求真务实上下功夫,在真正发挥新时代劳动教育的育人价值上下功夫。党的十八大以来,各地方政府也依据自身实践对劳动教育的实践模式进行了不懈探索,如四川省成都市的"全劳动教育"推进模式、浙江省杭州市富阳区的"新劳动教育"等。这些实践模式的探索为我国劳动教育的全面开展奠定了扎实的基础,也启示各级各类学校结

合实际,避免劳动教育的同质化与形式化,因地制宜、因校制宜开发独具特色的新时代劳动教育实践模式,成为区域教育发展的"亮丽品牌"。

小　　结

本章提出了加强中小学劳动教育需贯彻落实的五个方面的对策与建议:准确把握新时代劳动教育的理念与内涵,加强新时代劳动教育理念内涵的宣介、树立新时代劳动价值观、树立面向未来的劳动教育新理念。加快构建新形态的劳动教育课程体系,因地制宜整合与开发现有课程资源、探索内容丰富、形式多样的劳动教育课程、推动劳动教育课程生活化。充分发挥"家—校—社"协同育人的合力,形成"家—校—社"三方平等协作的关系定位、充分利用家庭及校外相关教育资源、积极打造校内外劳动教育实践基地。健全完善劳动教育保障机制,切实加强劳动教育师资队伍建设、探索多元化的劳动教育资金筹措途径、建立科学的劳动教育评价体系。积极探索具有中国特色的劳动教育模式,全面落实德智体美劳"五育并举"总体要求、加强新时代劳动教育应与时俱进、打造具有区域特色的劳动教育实践模式。

后　记

　　本书是教育部政策法规司委托我主持"新时代我国劳动教育的内涵特点与实施策略"课题（项目编号：JYBZFS2018102）的研究成果。之所以能够主持这项课题，源于我有幸参与了2018年的全国教育大会有关筹备工作。期间，我和筹备组同志们一起，就"劳动教育"是否应该和德智体美并列纳入新时代党的教育方针，与全国许多专家学者、校长教师进行了多次深入交流研讨。

　　接到新时代劳动教育项目的委托，既是一份信任，更是一份责任。作为课程主持人，我策划研究方案，积极搭建团队，协调多方资源，开展系统研究。北京师范大学杨小敏副教授在问卷设计上多次给予指导，李美仪、冯娉婷参与了文献综述和政策梳理工作，阳科峰、张万泽参与了国外中小学劳动教育专题研究，赵鑫参与了问卷设计和数据处理工作；张传剑参与了我国区域劳动教育专题研究。在此基础上，课题组形成了总报告，我撰写的咨询报告得到了教育部政法司的充分肯定，认为"报告论证较为严谨，调查数据翔实，具有一定的政策参考价值"。

　　课题顺利结题，特别感谢课题组的赵鑫、张传剑、李美仪、阳科峰、张万泽等同学，正是他们的鼎力襄助和全力参与，才能如期完成这一项目。同时，在课题的调研过程中，许多教育科研战线的同志们给予了大力支持，全国20多个省（自治区、直辖市）的中小学校长、教师积极参与，12 000多份有效调查样本远远超出了预期。可以说，没有大家前期的参与、帮助和支持，就很难有拙著的问世。

　　书稿是在充分吸收课题成果的基础上撰写、修改而成，这是一项非常艰巨的工作，远远超出了想象。2020—2021年，由于新冠肺炎疫情的影响，我平时很少出差，工作之余的时间大多用在这本书稿上，历时将近两年，才终于完成全书的成稿、修订和完善工作。感谢教育部政法司给予课题立项,感谢课题组同学们的全力参与和大力支持,感谢家人的理解和支持,感谢知识产权出版社编辑的帮助,多次沟通交流、提出修订意见,积极推进书稿出版工作。特别感谢北京师范大学原校长钟秉林教授和中国教育科学研究院原党委书记徐长发研究员,百忙之中为拙著作序,前辈们的关心、鼓励始终是我前行的动力。

由于日常工作繁忙,投入的时间和精力有限,本书难免会存在一些疏漏和不足之处,但仍然希望能够为教育政策制定者、教育理论研究者、中小学校长、教师等群体提供劳动教育相关的理论梳理、政策解读、国际案例、调研数据及实践典型,以期为贯彻、落实习近平总书记关于劳动教育的重要论述和《中共中央 国务院关于全面加强新时代大中小学劳动教育的意见》的精神,为推动新时代我国中小学劳动教育高质量发展贡献一份绵薄之力。

姜朝晖

2021 年 7 月

附录一　新时代中小学劳动教育调查问卷（教师卷）

尊敬的老师：

您好！

中共中央国务院近日印发了《关于全面加强新时代大中小学劳动教育的意见》。受教育部政法司委托，我们组织开展"新时代我国劳动教育的内涵特点与实施策略"调查研究。调查采取不记名方式，所有内容仅用于劳动教育科学研究。问卷填报时间大约5分钟，感谢您的支持和参与！

课题组

2020年3月28日

一、基本信息

1．您的性别

A．男　B．女

2．您的年龄

A．30周岁以下　B．31~40周岁　C．41~50周岁　D．50周岁以上

3．您的最高学历

A．大专以下　B．大专　C．本科　D．研究生

4．您所在学校的层级

A．小学　B．初中　C．高中

5．您所在的学校性质

A．公办学校　B．民办学校

6．您学校所在区域

A．东部（北京、天津、河北、辽宁、上海、江苏、浙江、福建、山东、广东、海南）

B．中部（山西、吉林、黑龙江、安徽、江西、河南、湖北、湖南）

C．西部(内蒙古、广西、重庆、四川、贵州、云南、西藏、陕西、甘肃、青海、宁夏、新疆)

7．您的工作职位

A．学校领导　B．科任教师　C．普通行政后勤　D．其他人员

8．您所在的学校类型

A．城镇学校　B．农村学校

二、您对劳动教育的了解与态度(1~5 代表不同的程度,请您根据实际情况勾选)

1．对"关于全面加强新时代中小学劳动教育"精神的了解情况

A．完全不了解　B．不太了解　C．一般　D．比较了解　E．非常了解

2．是否认同学校劳动教育过去相当长时间受到忽视和边缘化

A．非常不认同　B．不太认同　C．一般　D．比较认同　E．非常认同

3．是否认同劳动教育对于德育、智育、体育、美育有正向帮助作用

A．非常不认同　B．不太认同　C．一般　D．比较认同　E．非常认同

4．是否认同加强劳动教育有利于学生全面发展

A．非常不认同　B．不太认同　C．一般　D．比较认同　E．非常认同

5．是否认同劳动教育能培养学生的劳动观念、劳动精神和基本劳动能力

A．非常不认同　B．不太认同　C．一般　D．比较认同　E．非常认同

6．是否认同学生基本生活技能方面的劳动教育需要高度重视

A．非常不认同　B．不太认同　C．一般　D．比较认同　E．非常认同

7．是否认同社会发展将越来越强调创造性劳动

A．非常不认同　B．不太认同　C．一般　D．比较认同　E．非常认同

8．是否认同学校劳动教育课应该每周不少于1课时

A．非常不认同　B．不太认同　C．一般　D．比较认同　E．非常认同

9．是否认同劳动教育一定要结合不同学段和学生年龄段特点开展

A．非常不认同　B．不太认同　C．一般　D．比较认同　E．非常认同

10．是否认同学校其他课程教学中应该积极渗透劳动教育

A．非常不认同　B．不太认同　C．一般　D．比较认同　E．非常认同

11．将劳动教育纳入学生综合素质评价体系可行吗？

A．完全不可行　B．不太可行　C．一般　D．可行　E．完全可行

12．有必要把劳动素养评价结果作为学生评优评先和升学的重要依据吗？

A．完全没必要　B．没太必要　C．一般　D．有必要　E．非常有必要

13．有必要将劳动教育纳入教育督导体系吗？

A．完全没必要　B．没太必要　C．一般　D．有必要　E．非常有必要

14．有必要将劳动教育纳入中小学国家课程吗？

A．完全没必要　B．没太必要　C．一般　D．有必要　E．非常有必要

15．有必要在学校设立劳动教育必修课程吗？

A．完全没必要　B．没太必要　C．一般　D．有必要　E．非常有必要

16．学校有必要每学年设立劳动周吗？

A．完全没必要　B．没太必要　C．一般　D．有必要　E．非常有必要

三、您所在学校劳动教育的实施情况以及您的感受与看法(请您根据实际情况勾选)

1．学生不珍惜劳动成果、不想劳动、不会劳动的现象严重吗？

A．很严重　B．比较严重　C．一般　D．不太严重　E．不严重

2．学校劳动教育弱化和被边缘化的最主要原因是什么？

A．家庭不重视　　　　B．学校缺乏课程体系

C．社会支持不够　　　　D．没有纳入考试评价体系

3．劳动教育哪方面是最重要的？

A．劳动观念　B．劳动技能　C．劳动情感　D．劳动精神

4．学校每学年设立了劳动周吗？

A．有　B．没有　C．不太清楚

5．学校劳动教育的实施情况？

A．很好　B．好　C．一般　D．差　E．很差

6．学校劳动教育最大的问题是？

A．劳动教育缺乏整体规划　B．时间被挤占　C．缺乏专业的老师

D．教学方法不合理　　　　E．缺乏基本条件保障

7. 学校开展劳动教育课程最主要的方式

A. 国家课程 B. 地方课程 C. 校本课程

D. 个性化课程 E. 没有专门课程

8. 把劳动教育和考试升学挂钩,您最担心的是?

A. 增加教师工作负担　　　　　B. 存在弄虚作假现象

C. 孩子参与劳动教育功利化 D. 做不到客观评价

9. 家庭在发挥劳动教育的作用如何?

A. 很好 B. 好 C. 一般 D. 差 E. 很差

10. 学校存在挤占挪用学生劳动教育时间的现象吗?

A. 很普遍 B. 普遍 C. 一般 D. 很少 E. 没有

11. 学校有没有学生劳动实践场所?

A. 有 B. 没有 C. 不清楚

12. 企业公司、工厂农场等场所发挥了对学校劳动教育的支持作用了吗?

A. 很好 B. 好 C. 一般 D. 差 E. 很差

13. 学校有没有专门的劳动教育教学的老师?

A. 有 B. 没有 C. 不清楚

14. 学校有没有投入专门的资金用于劳动教育?

A. 有 B. 没有 C. 不清楚

15. 学校有没有进行劳动教育安全方面的教育?

A. 有 B. 没有 C. 不清楚

16. 学校加强劳动教育最需要开展的工作是

A. 劳动教育整体规划　　　　B. 专业教师队伍建设

C. 加强家校合作形成合力 D. 争取社会资源支持

17. 学校最应该开设的劳动教育内容是

A. 日常生活劳动(家务劳动技能等)

B. 生产劳动(社会生产的技能等)

C. 服务性劳动(服务业及社区服务、志愿活动等)

18．您所在的学校有没有经常宣传辛勤劳动、诚实劳动、创造性劳动的典型人物和事迹？

A．经常　B．一般　C．不经常　D．没有

19．推动中共中央国务院印发的《关于全面加强新时代大中小学劳动教育的意见》落实的最关键主体是

A．各级政府　B．教育主管部门　C．学校　D．家庭　E．社会

20．中共中央国务院印发的《关于全面加强新时代大中小学劳动教育的意见》的实施效果预期会怎样？

A．能够加快推进学校劳动教育

B．对学校劳动教育开展有一定作用

C．一般

D．不能推进劳动教育

E．效果暂时不好说

附录二 《中共中央 国务院关于全面加强新时代大中小学劳动教育的意见》

(2020年3月20日)

为构建德智体美劳全面培养的教育体系,现就加强新时代大中小学劳动教育提出如下意见。

一、充分认识新时代培养社会主义建设者和接班人对加强劳动教育的新要求

(一)重大意义。劳动教育是中国特色社会主义教育制度的重要内容,直接决定社会主义建设者和接班人的劳动精神面貌、劳动价值取向和劳动技能水平。长期以来,各地区和学校坚持教育与生产劳动相结合,在实践育人方面取得了一定成效。同时也要看到,近年来一些青少年中出现了不珍惜劳动成果、不想劳动、不会劳动的现象,劳动的独特育人价值在一定程度上被忽视,劳动教育正被淡化、弱化。对此,全党全社会必须高度重视,采取有效措施切实加强劳动教育。

(二)指导思想。以习近平新时代中国特色社会主义思想为指导,全面贯彻党的教育方针,落实全国教育大会精神,坚持立德树人,坚持培育和践行社会主义核心价值观,把劳动教育纳入人才培养全过程,贯通大中小学各学段,贯穿家庭、学校、社会各方面,与德育、智育、体育、美育相融合,紧密结合经济社会发展变化和学生生活实际,积极探索具有中国特色的劳动教育模式,创新体制机制,注重教育实效,实现知行合一,促进学生形成正确的世界观、人生观、价值观。

（三）基本原则

——把握育人导向。坚持党的领导，围绕培养担当民族复兴大任的时代新人，着力提升学生综合素质，促进学生全面发展、健康成长。把准劳动教育价值取向，引导学生树立正确的劳动观，崇尚劳动、尊重劳动，增强对劳动人民的感情，报效国家，奉献社会。

——遵循教育规律。符合学生年龄特点，以体力劳动为主，注意手脑并用、安全适度，强化实践体验，让学生亲历劳动过程，提升育人实效性。

——体现时代特征。适应科技发展和产业变革，针对劳动新形态，注重新兴技术支撑和社会服务新变化。深化产教融合，改进劳动教育方式。强化诚实合法劳动意识，培养科学精神，提高创造性劳动能力。

——强化综合实施。加强政府统筹，拓宽劳动教育途径，整合家庭、学校、社会各方面力量。家庭劳动教育要日常化，学校劳动教育要规范化，社会劳动教育要多样化，形成协同育人格局。

——坚持因地制宜。根据各地区和学校实际，结合当地在自然、经济、文化等方面条件，充分挖掘行业企业、职业院校等可利用资源，宜工则工、宜农则农，采取多种方式开展劳动教育，避免"一刀切"。

二、全面构建体现时代特征的劳动教育体系

（四）把握劳动教育基本内涵。劳动教育是国民教育体系的重要内容，是学生成长的必要途径，具有树德、增智、强体、育美的综合育人价值。实施劳动教育重点是在系统的文化知识学习之外，有目的、有计划地组织学生参加日常生活劳动、生产劳动和服务性劳动，让学生动手实践、出力流汗，接受锻炼、磨炼意志，培养学生正确劳动价值观和良好劳动品质。

（五）明确劳动教育总体目标。通过劳动教育，使学生能够理解和形成马克思主义劳动观，牢固树立劳动最光荣、劳动最崇高、劳动最伟大、劳动最美丽的观念；体会劳动创造美好生活，体认劳动不分贵贱，热爱劳动，尊重普通劳动者，培养勤俭、奋斗、创新、奉献的劳动精神；具备满足生存发展需要的基本劳动能力，形成良好劳动习惯。

（六）设置劳动教育课程。整体优化学校课程设置，将劳动教育纳入中小学国家课程方案和职业院校、普通高等学校人才培养方案，形成具有综合性、实践性、开放性、针对性的劳动教育课程体系。

根据各学段特点，在大中小学设立劳动教育必修课程，系统加强劳动教育。中小学劳动教育课每周不少于1课时，学校要对学生每天课外校外劳动时间作出规定。职业院校以实习实训课为主要载体开展劳动教育，其中劳动精神、劳模精神、工匠精神专题教育不少于16学时。普通高等学校要明确劳动教育主要依托课程，其中本科阶段不少于32学时。除劳动教育必修课程外，其他课程结合学科、专业特点，有机融入劳动教育内容。大中小学每学年设立劳动周，可在学年内或寒暑假自主安排，以集体劳动为主。高等学校也可安排劳动月，集中落实各学年劳动周要求。

根据需要编写劳动实践指导手册，明确教学目标、活动设计、工具使用、考核评价、安全保护等劳动教育要求。

（七）确定劳动教育内容要求。根据教育目标，针对不同学段、类型学生特点，以日常生活劳动、生产劳动和服务性劳动为主要内容开展劳动教育。结合产业新业态、劳动新形态，注重选择新型服务性劳动的内容。

小学低年级要注重围绕劳动意识的启蒙，让学生学习日常生活自理，感知劳动乐趣，知道人人都要劳动。小学中高年级要注重围绕卫生、劳动习惯养成，让学生做好个人清洁卫生，主动分担家务，适当参加校内外公益劳动，学会与他人合作劳动，体会到劳动光荣。初中要注重围绕增加劳动知识、技能，加强家政学习，开展社区服务，适当参加生产劳动，使学生初步养成认真负责、吃苦耐劳的品质和职业意识。普通高中要注重围绕丰富职业体验，开展服务性劳动、参加生产劳动，使学生熟练掌握一定劳动技能，理解劳动创造价值，具有劳动自立意识和主动服务他人、服务社会的情怀。中等职业学校重点是结合专业人才培养，增强学生职业荣誉感，提高职业技能水平，培育学生精益求精的工匠精神和爱岗敬业的劳动态度。高等学校要注重围绕创新创业，结合学科和专业积极开展实习实训、专业服务、社会实践、勤工助学等，重视新知识、新技术、新工艺、新方法应用，创造性地解决实际问题，使学生增强诚实劳动意识,积累职业经验,提升就业创业能力,树立正确择业观,具有到艰苦地区和行业工作的奋斗精神,懂得空谈误国、实干兴邦的深刻道理;注重培育公共服务意识,使学生具有面对重大疫情、灾害等危机主动作为的奉献精神。

(八)健全劳动素养评价制度。将劳动素养纳入学生综合素质评价体系,制定评价标准,建立激励机制,组织开展劳动技能和劳动成果展示、劳动竞赛等活动,全面客观记录课内外劳动过程和结果,加强实际劳动技能和价值体认情况的考核。建立公示、审核制度,确保记录真实可靠。把劳动素养评价结果作为衡量学生全面发展情况的重要内容,作为评优评先的重要参考和毕业依据,作为高一级学校录取的重要参考或依据。

三、广泛开展劳动教育实践活动

(九)家庭要发挥在劳动教育中的基础作用。注重抓住衣食住行等日常生活中的劳动实践机会,鼓励孩子自觉参与、自己动手,随时随地、坚持不懈进行劳动,掌握洗衣做饭等必要的家务劳动技能,每年有针对性地学会1至2项生活技能。鼓励学校(家委会)和社区等组织开展学生生活技能展示活动。学生参加家务劳动和掌握生活技能的情况要按年度记入学生综合素质档案。鼓励孩子利用节假日参加各种社会劳动。家庭要树立崇尚劳动的良好家风,家长要通过日常生活的言传身教、潜移默化,让孩子养成从小爱劳动的好习惯。

(十)学校要发挥在劳动教育中的主导作用。学校要切实承担劳动教育主体责任,明确实施机构和人员,开齐开足劳动教育课程,不得挤占、挪用劳动实践时间。明确学校劳动教育要求,着重引导学生形成马克思主义劳动观,系统学习掌握必要的劳动技能。根据学生身体发育情况,科学设计课内外劳动项目,采取灵活多样形式,激发学生劳动的内在需求和动力。统筹安排课内外时间,可采用集中与分散相结合的方式。组织实施好劳动周,小学低中年级以校园劳动为主,小学高年级和中学可适当走向社会、参与集中劳动,高等学校要组织学生走向社会、以校外劳动锻炼为主。

(十一)社会要发挥在劳动教育中的支持作用。充分利用社会各方面资源,为劳动教育提供必要保障。各级政府部门要积极协调和引导企业公司、工厂农场等组织履行社会责任,开放实践场所,支持学校组织学生参加力所能及的生产劳动、参与新型服务性劳动,使学生与普通劳动者一起经历劳动过程。鼓励高新企业为学生体验现代科技条件下劳动实践新形态、新方式提供支持。工会、共青团、妇联等群团组织以及各类公益基金会、社会福利组织要组织动员相关力量、搭建活动平台,共同支持学生深入城乡社区、福利院和公共场所等参加志愿服务,开展公益劳动,参与社区治理。

四、着力提升劳动教育支撑保障能力

(十二)多渠道拓展实践场所。大力拓展实践场所,满足各级各类学校多样化劳动实践需求。充分利用现有综合实践基地、青少年校外活动场所、职业院校和普通高等学校劳动实践场所,建立健全开放共享机制。农村地区可安排相应土地、山林、草场等作为学农实践基地,城镇地区可确认一批企事业单位和社会机构,作为学生参加生产劳动、服务性劳动的实践场所。建立以县为主、政府统筹规划配置中小学(含中等职业学校)劳动教育资源的机制。进一步完善学校建设标准,学校逐步建好配齐劳动实践教室、实训基地。高等学校要充分发挥自身专业优势和服务社会功能,建立相对稳定的实习和劳动实践基地。

(十三)多举措加强人才队伍建设。采取多种措施,建立专兼职相结合的劳动教育师资队伍。根据学校劳动教育需要,为学校配备必要的专任教师。高等学校要加强劳动教育师资培养,有条件的师范院校开设劳动教育相关专业。设立劳模工作室、技能大师工作室、荣誉教师岗位等,聘请相关行业专业人士担任劳动实践指导教师。把劳动教育纳入教师培训内容,开展全员培训,强化每位教师的劳动意识、劳动观念,提升实施劳动教育的自觉性,对承担劳动教育课程的教师进行专项培训,提高劳动教育专业化水平。建立健全劳动教育教师工作考核体系,分类完善评价标准。

(十四)健全经费投入机制。各地区要统筹中央补助资金和自有财力,多种形式筹措资金,加快建设校内劳动教育场所和校外劳动教育实践基地,加强学校劳动教育设施标准化建设,建立学校劳动教育器材、耗材补充机制。学校可按照规定统筹安排公用经费等资金开展劳动教育。可采取政府购买服务方式,吸引社会力量提供劳动教育服务。

（十五）多方面强化安全保障。各地区要建立政府负责、社会协同、有关部门共同参与的安全管控机制。建立政府、学校、家庭、社会共同参与的劳动教育风险分散机制，鼓励购买劳动教育相关保险，保障劳动教育正常开展。各学校要加强对师生的劳动安全教育，强化劳动风险意识，建立健全安全教育与管理并重的劳动安全保障体系。科学评估劳动实践活动的安全风险，认真排查、清除学生劳动实践中的各种隐患特别是辐射、疾病传染等，在场所设施选择、材料选用、工具设备和防护用品使用、活动流程等方面制定安全、科学的操作规范，强化对劳动过程每个岗位的管理，明确各方责任，防患于未然。制定劳动实践活动风险防控预案，完善应急与事故处理机制。

五、切实加强劳动教育的组织实施

（十六）加强组织领导。在党委统一领导下，各级政府要把劳动教育摆上重要议事日程，出台相关政策措施，切实解决劳动教育实施过程中的重大问题，做好督促落实。省级政府要加强劳动教育工作的统筹协调，明确市地级、县级政府及有关部门加强劳动教育的职责，推动建立全面实施劳动教育的长效机制。

（十七）强化督导检查。把劳动教育纳入教育督导体系，完善督导办法。对地方各级政府和有关部门保障劳动教育情况以及学校组织实施劳动教育情况进行督导，督导结果向社会公开，同时作为衡量区域教育质量和水平的重要指标，作为对被督导部门和学校及其主要负责人考核奖惩的依据。开展劳动教育质量监测，强化反馈和指导。

（十八）加强宣传引导。引导家长树立正确劳动观念，支持配合学校开展劳动教育。加强劳动教育科学研究，宣传推广劳动教育典型经验。积极宣传企事业单位和社会机构提供劳动教育服务的先进事迹。注重挖掘在抗疫救灾等重大事件中涌现出来的典型人物和事迹，大力宣传不畏艰难、百折不挠、敢于担当的高尚品格。鼓励和支持创作更多以歌颂普通劳动者为主题的优秀作品，大力宣传辛勤劳动、诚实劳动、创造性劳动的典型人物和事迹，弘扬劳动光荣、创造伟大的主旋律，旗帜鲜明地反对一切不劳而获、贪图享乐、崇尚暴富的错误观念，营造全社会关心和支持劳动教育的良好氛围。

附录三 《教育部关于印发〈大中小学劳动教育指导纲要(试行)〉的通知》

教材〔2020〕4号

各省、自治区、直辖市教育厅(教委),新疆生产建设兵团教育局,有关部门(单位)教育司(局),部属各高等学校、部省合建各高等学校:

为深入贯彻习近平总书记关于教育的重要论述,全面贯彻党的教育方针,落实《中共中央 国务院关于全面加强新时代大中小学劳动教育的意见》,加快构建德智体美劳全面培养的教育体系,我部组织研究制定了《大中小学劳动教育指导纲要(试行)》,现印发给你们,请认真贯彻落实。

教育部

2020年7月7日

大中小学劳动教育指导纲要(试行)

为深入贯彻习近平总书记关于教育的重要论述,全面贯彻党的教育方针,落实《中共中央 国务院关于全面加强新时代大中小学劳动教育的意见》,加快构建德智体美劳全面培养的教育体系,制定本指导纲要。

一、劳动教育性质和基本理念

(一)劳动教育性质

劳动是创造物质财富和精神财富的过程,是人类特有的基本社会实践活动。劳动教育是发挥劳动的育人功能,对学生进行热爱劳动、热爱劳动人民的教育活动。当前实施劳动教育的重点是在系统的文化知识学习之外,有目的、有计划地组织学生参加日常生活劳动、生产劳动和服务性劳动,让学生动手实践、出力流汗,接受锻炼、磨炼意志,培养学生正确劳动价值观和良好劳动品质。

劳动教育是新时代党对教育的新要求,是中国特色社会主义教育制度的重要内容,是全面发展教育体系的重要组成部分,是大中小学必须开展的教育活动。它具有鲜明的思想性,必须将马克思主义劳动观贯彻始终,强调劳动是一切财富、价值的源泉,劳动者是国家的主人,一切劳动和劳动者都应该得到鼓励和尊重;倡导通过诚实劳动创造美好生活、实现人生梦想,反对一切不劳而获、崇尚暴富、贪图享乐的错误思想。具有突出的社会性,必须加强学校教育与社会生活、生产实践的直接联系,发挥劳动在个人与社会之间的纽带作用,引导学生认识社会,增强社会责任感;同时注重让学生学会分工合作,体会社会主义社会平等、和谐的新型劳动关系。具有显著的实践性,必须面向真实的生活世界和职业世界,引导学生以动手实践为主要方式,在认识世界的基础上,获得有积极意义的价值体验,学会建设世界,塑造自己,实现树德、增智、强体、育美的目的。

(二)劳动教育基本理念

1. 强化劳动观念,弘扬劳动精神。将劳动观念和劳动精神教育贯穿人才培养全过程,贯穿家庭、学校、社会各方面。注重让学生在学习和掌握基本劳动知识技能的过程中,领悟劳动的意义价值,形成勤俭、奋斗、创新、奉献的劳动精神。

2. 强调身心参与,注重手脑并用。把握劳动教育的根本特征,让学生面对真实的个人生活、生产和社会性服务任务情境,亲历实际的劳动过程,善于观察思考,注重运用所学知识解决实际问题,提高劳动质量和效率。

3. 继承优良传统,彰显时代特征。在充分发挥传统劳动、传统工艺项目育人功能的同时,紧跟科技发展和产业变革,准确把握新时代劳动工具、劳动技术、劳动形态的新变化,创新劳动教育内容、途径、方式,增强劳动教育的时代性。

4. 发挥主体作用,激发创新创造。关注学生劳动过程中的体验和感悟,引导学生感受劳动的艰辛和收获的快乐,增强获得感、成就感、荣誉感。鼓励学生在学习和借鉴他人丰富经验、技艺的基础上,尝试新方法、探索新技术,打破僵化思维方式,推陈出新。

二、劳动教育目标和内容

(一)总体目标

准确把握社会主义建设者和接班人的劳动精神面貌、劳动价值取向和劳动技能水平的培养要求,全面提高学生劳动素养,使学生:

树立正确的劳动观念。正确理解劳动是人类发展和社会进步的根本力量,认识劳动创造人、劳动创造价值、创造财富、创造美好生活的道理,尊重劳动,尊重普通劳动者,牢固树立劳动最光荣、劳动最崇高、劳动最伟大、劳动最美丽的思想观念。

具有必备的劳动能力。掌握基本的劳动知识和技能,正确使用常见劳动工具,增强体力、智力和创造力,具备完成一定劳动任务所需要的设计、操作能力及团队合作能力。

培育积极的劳动精神。领会"幸福是奋斗出来的"内涵与意义,继承中华民族勤俭节约、敬业奉献的优良传统,弘扬开拓创新、砥砺奋进的时代精神。

养成良好的劳动习惯和品质。能够自觉自愿、认真负责、安全规范、坚持不懈地参与劳动,形成诚实守信、吃苦耐劳的品质。珍惜劳动成果,养成良好的消费习惯,杜绝浪费。

(二)主要内容

主要包括日常生活劳动、生产劳动和服务性劳动中的知识、技能与价值观。日常生活劳动教育立足个人生活事务处理,结合开展新时代校园爱国卫生运动,注重生活能力和良好卫生习惯培养,树立自立自强意识。生产劳动教育要让学生在工农业生产过程中直接经历物质财富的创造过程,体验从简单劳动、原始劳动向复杂劳动、创造性劳动的发展过程,学会使用工具,掌握相关技术,感受劳动创造价值,增强产品质量意识,体会平凡劳动中的伟大。服务性劳动教育让学生利用知识、技能等为他人和社会提供服务,在服务性岗位上见习实习,树立服务意识,实践服务技能;在公益劳动、志愿服务中强化社会责任感。

(三)学段要求

1. 小学

低年级:以个人生活起居为主要内容,开展劳动教育,注重培养劳动意识和劳动安全意识,使学生懂得人人都要劳动,感知劳动乐趣,爱惜劳动成果。指导学生:(1)完成个人物品整理、清洗,进行简单的家庭清扫和垃圾分类等,树立自己的事情自己做的意识,提高生活自理能力;(2)参与适当的班级集体劳动,主动维护教室内外环境卫生等,培养集体荣誉感;(3)进行简单手工制作,照顾身边的动植物,关爱生命,热爱自然。

中高年级:以校园劳动和家庭劳动为主要内容开展劳动教育,体会劳动光荣,尊重普通劳动者,初步养成热爱劳动、热爱生活的态度。指导学生:(1)参与家居清洁、收纳整理,制作简单的家常餐等,每年学会1—2项生活技能,增强生活自理能力和勤俭节约意识,培养家庭责任感;(2)参加校园卫生保洁、垃圾分类处理、绿化美化等,适当参加社区环保、公共卫生等力所能及的公益劳动,增强公共服务意识;(3)初步体验种植、养殖、手工制作等简单的生产劳动,初步学会与他人合作劳动,懂得生活用品、食品来之不易,珍惜劳动成果。

2. 初中

兼顾家政学习、校内外生产劳动、服务性劳动,安排劳动教育内容,开展职业启蒙教育,体会劳动创造美好生活,养成认真负责、吃苦耐劳的劳动品质和安全意识,增强公共服务意识和担当精神。让学生:(1)承担一定的家庭日常清洁、烹饪、家居美化等劳动,进一步培养生活自理能力和习惯,增强家庭责任意识;(2)定期开展校园包干区域保洁和美化,以及助残、敬老、扶弱等服务性劳动,初步形成对学校、社区负责任的态度和社会公德意识;(3)适当体验包括金工、木工、电工、陶艺、布艺等项目在内的劳动及传统工艺制作过程,尝试家用器具、家具、电器的简单修理,参与种植、养殖等生产活动,学习相关技术,获得初步的职业体验,形成初步的生涯规划意识。

3. 普通高中

注重围绕丰富职业体验,开展服务性劳动和生产劳动,理解劳动创造价值,接受锻炼、磨炼意志,具有劳动自立意识和主动服务他人、服务社会的情怀。指导学生:(1)持续开展日常生活劳动,增强生活自理能力,固化良好劳动习惯;(2)选择服务性岗位,经历真实的岗位工作过程,获得真切的职业体验,培养职业兴趣;积极参加大型赛事、社区建设、环境保护等公益活动、志愿服务,强化社会责任意识和奉献精神;(3)统筹劳动教育与通用技术课程相关内容,从工业、农业、现代服务业以及中华优秀传统文化特色项目中,自主选择1—2项生产劳动,经历完整的实践过程,提高创意物化能力,养成吃苦耐劳、精益求精的品质,增强生涯规划的意识和能力。

4. 职业院校

重点结合专业特点,增强职业荣誉感和责任感,提高职业劳动技能水平,培育积极向上的劳动精神和认真负责的劳动态度。组织学生:(1)持续开展日常生活劳动,自我管理生活,提高劳动自立自强的意识和能力;(2)定期开展校内外公益服务性劳动,做好校园环境秩序维护,运用专业技能为社会、为他人提供相关公益服务,培育社会公德,厚植爱国爱民的情怀;(3)依托实习实训,参与真实的生产劳动和服务性劳动,增强职业认同感和劳动自豪感,提升创意物化能力,培育不断探索、精益求精、追求卓越的工匠精神和爱岗敬业的劳动态度,坚信"三百六十行,行行出状元",体认劳动不分贵贱,任何职业都很光荣,都能出彩。

5. 普通高等学校

强化马克思主义劳动观教育,注重围绕创新创业,结合学科专业开展生产劳动和服务性劳动,积累职业经验,培育创造性劳动能力和诚实守信的合法劳动意识。使学生:(1)掌握通用劳动科学知识,深刻理解马克思主义劳动观和社会主义劳动关系,树立正确的择业就业创业观,具有到艰苦地区和行业工作的奋斗精神;(2)巩固良好日常生活劳动习惯,自觉做好宿舍卫生保洁,独立处理个人生活事务,积极参加勤工助学活动,提高劳动自立自强能力;(3)强化服务性劳动,自觉参与教室、食堂、校园场所的卫生保洁、绿化美化和管理服务等,结合"三支一扶"、大学生志愿服务西部计划、"青年红色筑梦之旅""三下乡"等社会实践活动开展服务性劳动,强化公共服务意识和面对重大疫情、灾害等危机主动作为的奉献精神;(4)重视生产劳动锻炼,积极参加实习实训、专业服务和创新创业活动,重视新知识、新技术、新工艺、新方法的运用,提高在生产实践中发现问题和创造性解决问题的能力,在动手实践的过程中创造有价值的物化劳动成果。

三、劳动教育途径、关键环节和评价

(一)劳动教育途径

将劳动教育纳入人才培养全过程,丰富、拓展劳动教育实施途径。

1. 独立开设劳动教育必修课

在大中小学设立劳动教育必修课程。中小学劳动教育课平均每周不少于1课时,用于活动策划、技能指导、练习实践、总结交流等,与通用技术和地方课程、校本课程等有关内容进行必要统筹。职业院校开设劳动专题教育必修课,不少于16学时;主要围绕劳动精神、劳模精神、工匠精神、劳动组织、劳动安全和劳动法规等方面设计。普通高等学校要将劳动教育纳入专业人才培养方案,明确主要依托的课程,可在已有课程中专设劳动教育模块,也可专门开设劳动专题教育必修课,本科阶段不少于32学时;课程内容应加强马克思主义劳动观教育,普及与学生职业发展密切相关的通用劳动科学知识,并经历必要的实践体验。

2. 在学科专业中有机渗透劳动教育

中小学道德与法治(思想政治)、语文、历史、艺术等学科要有重点地纳入劳动创造人本身、劳动创造历史、劳动创造世界、劳动不分贵贱等马克思主义劳动观,纳入歌颂劳模、歌颂普通劳动者的选文选材,纳入阐释勤劳、节俭、艰苦奋斗等中华民族优良传统的内容,加强对学生辛勤劳动、诚实劳动、合法劳动等方面的教育。数学、科学、地理、技术、体育与健康等学科要注重培养学生劳动的科学态度、规范意识、效率观念和创新精神。

职业院校要将劳动教育全面融入公共基础课,要强化马克思主义劳动观、劳动安全、劳动法规教育。专业课在进行职业劳动知识技能教学的同时,注重培养"干一行爱一行"的敬业精神,吃苦耐劳、团结合作、严谨细致的工作态度。

普通高等学校要将劳动教育有机纳入专业教育、创新创业教育,不断深化产教融合,强化劳动锻炼要求,加强高等学校与行业骨干企业、高新企业、中小微企业紧密协同,推动人才培养模式改革。专业类课程主要与服务学习、实习实训、科学实验、社会实践、毕业设计等相结合开展各类劳动实践,注重分析相关劳动形态发展趋势,强化劳动品质培养。在公共必修课中,要进一步强化马克思主义劳动观教育、劳动相关法律法规与政策教育。

3. 课外校外活动中安排劳动实践

将劳动教育与学生的个人生活、校园生活和社会生活有机结合起来,丰富劳动体验,提高劳动能力,深化对劳动价值的理解。

中小学每周课外活动和家庭生活中劳动时间,小学1~2年级不少于2小时,其他年级不少于3小时;职业院校和普通高等学校要明确生活中的劳动事项和时间,纳入学生日常管理工作。

大中小学每学年设立劳动周,采用专题讲座、主题演讲、劳动技能竞赛、劳动成果展示、劳动项目实践等形式进行。小学以校内为主,小学高年级可适当安排部分校外劳动;普通中学、职业院校和普通高等学校兼顾校内外,可在学年内或寒暑假安排,以集体劳动为主,由学校组织实施。高等学校也可安排劳动月,集中落实各学年劳动周要求。

4. 在校园文化建设中强化劳动文化

学校要将劳动习惯、劳动品质的养成教育融入校园文化建设之中。要通过制定劳动公约、每日劳动常规、学期劳动任务单,采取与劳动教育有关的兴趣小组、社团等组织形式,结合植树节、学雷锋纪念日、五一劳动节、农民丰收节、志愿者日等,开展丰富的劳动主题教育活动,营造劳动光荣、创造伟大的校园文化。

要举办"劳模大讲堂""大国工匠进校园"、优秀毕业生报告会等劳动榜样人物进校园活动,组织劳动技能和劳动成果展示,综合运用讲座、宣传栏、新媒体等,广泛宣传劳动榜样人物事迹,特别是身边的普通劳动者事迹,让师生在校园里近距离接触劳动模范,聆听劳模故事,观摩精湛技艺,感受并领悟勤勉敬业的劳动精神,争做新时代的奋斗者。

(二)劳动教育关键环节

各地和学校要注重围绕劳动教育的目标和内容要求,从提高劳动教育的效果出发,把握劳动教育任务的特点,抓住关键环节,选择适宜的劳动教育方式。

1. 讲解说明。围绕劳动为什么、是什么问题,有重点地进行讲解,让学生懂得劳动的意义和价值。加强劳动观念、劳动纪律、劳动相关法律法规的正面引导,指明轻视劳动特别是轻视普通劳动的危害,让学生明辨是非。加强劳动知识技能的讲解,让学生认清事理,掌握实践操作的基本原理、程序、规则,正确使用工具的方法和技术。讲解要与启发思考、示范、练习等结合起来。

2. 淬炼操作。围绕如何做的问题,注重示范与练习,让学生会劳动。强化规范意识,注重从最基本的程序学起,严守规则,避免主观随意。强化质量意识,注重引导学生关注细节,每个步骤、环节都要精准到位。强化专注品质,注重引导学生对操作行为的评估与监控,做到眼到手到心到,有始有终。

3. 项目实践。围绕劳动能力的培养,让学生完成真实、综合任务,经历完整劳动过程。注重劳动价值体认,引导学生从现实生活中发现需求,选择和确定劳动项目。强化规划设计意识,充分发挥学生的主动性、积极性、创造性,引导学生对项目实践进行整体构思,综合运用所学知识、技术,不断优化行动方案。强化身体力行,锤炼意志品质,敢于在困难与挑战中完成行动任务。

4. 反思交流。围绕劳动价值意义的建构,引导学生总结、交流,促进学生形成反思交流习惯。指导学生思考劳动过程和结果与社会进步、个体成长的关联,避免停留在简单的苦乐体验上。组织学生交流分享劳动的体验和收获,肯定具有积极意义的认识,纠正观念上的偏差。将反思交流与改进结合起来,使学生在劳动中获得成长。

5. 榜样激励。围绕劳动的精神追求,树立典型,激发劳动热情。注意遴选、树立多类型榜样,不仅要有大国工匠、劳动模范,还要有身边劳动表现优异的普通劳动者和同学。指导学生从榜样的具体事迹中领悟他们的高尚精神和优良品质。明确要求学生在日常劳动实践中努力向榜样看齐。

(三)劳动教育评价

将劳动素养纳入学生综合素质评价体系。以劳动教育目标、内容要求为依据,将过程性评价和结果性评价结合起来,健全和完善学生劳动素养评价标准、程序和方法,鼓励、支持各地利用大数据、云平台、物联网等现代信息技术手段,开展劳动教育过程监测与记实评价,发挥评价的育人导向和反馈改进功能。

1. 平时表现评价

要在平时劳动教育实践活动中及时进行评价,以评价促进学生发展。要覆盖各类型劳动教育活动,明确学年劳动实践类型、次数、时间等考核要求。关注学生在劳动教育活动中的实际表现,注重从行为表现中分析把握劳动观念形成情况。以自我评价为主,辅以教师、同伴、家长、服务对象、用人单位等他评方式,指导学生进行反思改进。要指导学生如实记录劳动教育活动情况,收集整理相关制品、作品等,选择代表性的写实记录,纳入综合素质档案,作为学生学年评优评先的重要参考。

2. 学段综合评价

学段结束时,要依据学段目标和内容,结合综合素质档案分析,兼顾必修课学习和课外劳动实践,对劳动观念、劳动能力、劳动精神、劳动习惯和品质等劳动素养发展状况进行综合评定。建立诚信机制,实行写实记录抽查制度,对弄虚作假者在评优评先方面一票否决,性质严重的应依法依规严肃处理。在高中和大学开展志愿者星级认证。高中学校和高等学校要将考核结果作为毕业依据之一。推动将学段综合评价结果作为学生升学、就业的重要参考。

3. 开展学生劳动素养监测

将学生劳动素养监测纳入基础教育质量监测、职业院校教学质量评估和普通高等学校本科教学质量评估。可委托有关专业机构,定期组织开展关于学生劳动素养状况调查,注重学生劳动观念、劳动能力、劳动精神、劳动习惯和品质等的监测。发挥监测结果的示范引导、反馈改进等功能。

四、学校劳动教育的规划与实施

(一)整体规划劳动教育

学校是劳动教育的实施主体,应根据国家相关规定,结合当地和本校实际情况,对劳动教育进行整体设计、系统规划,形成劳动教育总体实施方案。方案要明确劳动教育目标内容、课时安排、主要劳动实践活动安排、劳动教育过程组织与指导及考核评价办法等。同时要基于学生的年段特征、阶段性教育要求,研究制定"学校学年(或学期)劳动教育计划",对学年、学期劳动教育实践活动作出具体安排,特别是规划好劳动周等集中劳动,细化有关要求。使总体实施方案和学年(或学期)活动计划相互配套、衔接,形成可持续开展的劳动教育实施方案。

学校在劳动教育规划时要注意处理以下几个方面的关系:

1. 理论学习和实践锻炼的关系

理论学习和实践锻炼都是劳动教育的必要内容。理论学习重在让学生理解和掌握"劳动创造了人本身""劳动创造世界"等历史唯物主义基本理论主张以及劳动相关法律、法规、政策,作为行动的指南。实践锻炼重在将所学知识转化为真正有用的实际本领,形成良好的劳动习惯,弘扬劳动精神。规划劳动教育时,要两者兼顾,坚持以实践锻炼为主,切实保证每一个学生都有必要的劳动实践经历,不能只是口头上喊劳动、课堂上讲劳动。要通过学生实践前的计划构想、实践中的观察思考和实践后的反思交流,加深对有关思想理论、法规政策的理解,实现理论学习和实践锻炼的统一。

2. 劳动教育与其他教育活动的关系

在开足专门劳动教育必修课的同时,中小学劳动教育必修课实践环节中与综合实践活动的社会服务、设计制作、职业体验重叠部分,可整合实施。职业院校、普通高等学校劳动教育中学生生产劳动和服务性劳动可以通过专业实习、实训、创新创业等实践环节完成,日常生活劳动可以通过学生管理落实。

3. 劳动的传统形态与新形态的关系

将日常生活劳动教育贯穿大中小学始终。在安排生产劳动和服务性劳动项目时,中小学要以使用传统工具、传统工艺的劳动为主,引导学生体会劳动人民的艰辛与智慧,传承中华优秀传统文化,兼顾使用新知识、新技术、新工艺、新方法的劳动。职业院校、普通高等学校要注重结合产业新业态、劳动新形态,选择现代农业、工业、服务业项目,提升创造性劳动能力。

(二)劳动教育的组织实施

1.实施机构和人员

学校要建立健全劳动教育组织实施的工作机制。明确主管校领导,设置机构或明确相关部门负责劳动教育的规划设计、组织协调、资源整合、师资培训、过程管理、总结评价等。

要建立专兼职相结合的劳动教育教师队伍。根据学校劳动教育需要,明确劳动教育责任人,进行劳动教育规划、组织实施、评价等,配齐劳动教育必修课教师,保持教师队伍的相对稳定性。要充分发挥教职员工特别是班主任、辅导员、导师的作用,利用少先队、共青团、党组织以及学生社团等各方面的力量,合力开展劳动教育实践活动。充分利用家长及当地人力资源,聘请相关行业专业人士担任劳动实践指导教师。

2.劳动安全风险防范与管理

学校要把劳动安全教育与管理作为组织实施的必要内容,强化劳动安全意识,建立健全安全教育与管理并重的劳动安全保障体系。

要依据学生身心发育情况,适度安排劳动强度、时长,切实关注劳动任务及场所设施的适宜性。科学评估劳动实践活动的安全风险,认真排查、清除学生劳动实践中的各种隐患。在场所设施选择、材料选用、工具设备和防护用品使用、活动流程等方面制定安全、科学操作规范,强化劳动过程每个岗位的管理,明确各方责任,防患于未然。制定劳动实践活动风险防控预案,完善应急与事故处理机制。要特别关注劳动过程中的卫生隐患,按照疾控、卫生健康部门及行业有关规定,采取相应措施,切实保护学生的身心健康。鼓励购买劳动教育相关保险。

3.建立协同实施机制

中小学要推动建立以学校为主导、家庭为基础、社区为依托的协同实施机制,形成共育合力。学校要通过家长会、家长学校、社区宣讲、网络媒体等途径,引导家长树立正确的劳动观;明确家长的劳动教育责任,让家长主动指导和督促孩子完成家庭、社区劳动任务;学校要与相关社会实践基地共同开发并实施劳动教育课程。

职业院校、普通高等学校要建立学校负责规划设计,行业企业社会机构主要负责业务指导,双方共同管理的劳动教育实施机制。通过建立劳模工作室、技能大师工作室,设置荣誉教师、实务导师岗位等,多渠道引入社会力量参与学校劳动教育。要联合社会力量,共建共享稳定的劳动实践基地、校外实习实训基地、各类型创新创业孵化平台,多渠道拓展劳动实践场所。

五、劳动教育条件保障与专业支持

地方教育行政部门要切实加强对劳动教育工作的组织领导,明确机构和人员承担区域推进劳动教育的职责任务,切实加强条件保障、专业支持和督导评估,整体提高大中小学劳动教育质量和水平。

(一)条件建设

1. 丰富和拓展劳动实践场所

地方教育行政部门要统筹规划和配置劳动教育实践资源,满足学校多样化劳动实践需求。充分利用现有综合实践基地、青少年校外活动场所、职业院校和普通高等学校劳动实践场所,建立健全开放共享机制,特别是充分利用职业院校实训实习场所、设施设备,为普通中小学和普通高等学校提供所需要的服务。可安排一批土地、山林、草场等作为学农实践基地,确认一批厂矿企业作为学工实践基地,认定一批城乡社区、福利院、医院、博物馆、科技馆、图书馆等事业单位、社会机构、公共场所作为服务性劳动基地。推动学校充分利用校内学习、生活有关场所,逐步建好配齐劳动技术实践教室、实训基地,丰富劳动教育资源。

2. 加强师资队伍建设

要明确劳动课教师管理要求,保障劳动课教师在绩效考核、职称评聘、评先评优、专业发展等方面与其他专任教师享受同等待遇。推动中小学、职业院校与普通高等学校建立师资交流共享机制,发挥职业院校教师的专业优势,承担普通学校劳动教育教学任务。建立劳动课教师特聘制度,为学校聘请具有实践经验的社会专业技术人员、劳动模范等担任兼职教师创造条件。

高等学校要加强劳动教育师资培养,有条件的院校开设劳动教育相关专业。把劳动教育纳入教育行政干部、校长、教师、辅导员培训内容,开展全员培训,强化劳动意识、劳动观念,提升劳动教育的自觉性。对承担劳动教育课程的教师进行专项培训,提高劳动育人意识和专业化水平。

3．健全经费投入机制

各地要统筹中央补助资金和自有财力,多种形式筹措资金,加快建设校内劳动教育场所和校外劳动教育实践基地,加强学校劳动教育设施建设,建立学校劳动教育器材、耗材补充机制。学校可按照规定统筹安排公用经费等资金开展劳动教育,可采取政府购买服务方式,吸引社会力量提供劳动教育服务。

(二)加强专业研究和指导

1．加强劳动教育研究与指导

在全国教育科学规划、教育部人文社会科学研究项目中支持劳动教育研究。地方教育行政部门鼓励和支持相关机构设立劳动教育研究项目。设立一批试验区或试验学校,注重开展跟踪研究、行动研究。举办论坛讲座,营造良好学术氛围。

各级中小学教研机构要配备劳动教育教研员,组织开展专题教研、区域教研、网络教研,通过协同创新、校际联动、区域推进,提高劳动教育整体实施水平。鼓励高等学校依托有关专业机构开展劳动教育教学研究。

2．组织开展劳动教育课程资源研发

基于劳动教育教学的实际需要,省级教育行政部门明确中小学劳动实践指导手册编写要求,体现"一纲多本",满足不同地区学校的多样化需求,负责组织审查。职业院校可组织编写劳动精神、劳模精神、工匠精神专题读本,由编写院校或委托专业机构进行审查。鼓励学校、学术团体、专业机构等收集整理反映劳动先进人物事迹和精神的影视资料,组织研发展示劳动过程、劳动安全要求的数字资源,梳理遴选来自教学一线的典型案例和鲜活经验,形成分学段、分专题的劳动教育课程资源包,促进优质资源的共享与使用。

(三)督导评估与激励

1. 加强对学校劳动教育实施情况的督查

把劳动教育纳入教育督导体系,完善督导办法。对地方各级人民政府和有关部门保障劳动教育情况进行督导。对学校劳动教育开课率、学生劳动实践组织的有序性,教学指导的针对性,保障措施的有效性等进行督查和指导。督导结果要向社会公开,作为衡量区域教育质量和水平的重要指标,作为对被督导部门和学校及其主要负责人考核奖惩的依据。

2. 建立健全劳动教育激励机制

在国家级、省级教学成果奖励中,将劳动教育教学成果纳入评奖范围,对优秀成果予以奖励。依托有关专业组织、教科研机构等开展劳动教育经验交流和成果展示活动,激发广大教师实践创新的潜能和动力。积极协调新闻媒体传播劳动光荣、创造伟大思想,大力宣传劳动教育先进学校、先进个人。